DIE GESELLSCHAFT

VON

ERNST VICTOR ZENKER.

II. BAND

DIE SOCIOLOGISCHE THEORIE.

B E R L I N.
DRUCK UND VERLAG VON GEORG REIMER.
1903.

DIE SOCIOLOGISCHE THEORIE

VON

ERNST VICTOR ZENKER.

BERLIN.
DRUCK UND VERLAG VON GEORG REIMER.
1903.

Inhalts-Verzeichnis.

Fünfter Teil:

Sociale Kräfte und Gesetze.

Vorwort.

Ich übergebe hiermit den zweiten Band meiner Sociologie der Öffentlichkeit. Er enthält, meinem ursprünglichen Programm entsprechend, die eigentliche sociologische Theorie. Ich habe mich auch bei diesem Bande soweit wie möglich bemüht, eine allgemeine Orientierung über alles bis nun Geleistete zu liefern und die Resultate der einzelnen Forscher soviel wie möglich zusammenzufassen. Dies konnte freilich nicht in dem Sinne geschehen, wie im ersten Bande. Dort handelte es sich um Tatsachen, welche von der wissenschaftlichen Öffentlichkeit als unumstößlich angesehen werden. Diese waren einfach hervorzuheben und in einen natürlichen Zusammenhang zu bringen. Bei Sätzen, die nicht unmittelbar aus der Beobachtung bekannt sind, sondern erschlossen werden müssen, ist eine solche Übereinstimmung an und für sich nicht so leicht möglich, am allerwenigsten aber, wenn es sich um eine große Menge von einander vielfach widersprechenden Sätzen handelt. Auf diesem Arbeitsfelde konnte der Zweck der allgemeinen Orientierung nur dadurch erreicht werden, daß bei der Behandlung des betreffenden Kapitels stets der einschlägigen oder opponierenden Anschauungen kritisch gedacht wurde.

Freilich mußte dieser theoretische Teil im höheren Grade als der erste rein deskriptive Teil weitergehenden Zwecken, als es die allgemeine Orientierung auf sociologischem Gebiete sein kann, dienen. In der theoretischen Sociologie herrscht heute eine geradezu erschreckende Anarchie, wie sie keine zweite Wissenschaft kennt. Eine große Anzahl von ganz ausgezeichneten, zum Teile sogar genialen Forschern aller Nationen arbeitet emsig an dem Studium der gesellschaftlichen Probleme und wirft alljährlich einige hundert sociologische Bände auf den Büchermarkt. Trotz dieser fieberhaften Emsigkeit und trotzdem jeder einzelne die Grundtatsachen der Sociologie entdeckt zu haben erklärt, will es mit der Sociologie nicht vorwärts gehen und es ist eigentlich nicht ein einziger allgemeiner Satz über jeden Zweifel festgestellt. Der Grund hierfür liegt keineswegs in der Natur des Gegenstandes, sondern in der Art des Forschens, in der besagten Anarchie. Ein jeder Forscher bildet eine Welt für sich und umgibt sich mit einer chinesischen Mauer. Was andere vor ihm gefunden haben, ficht ihn nicht an. Er beginnt an einer frischen Stelle nach dem Schatz zu graben und entdeckt auch jedesmal etwas, was er wenigstens für den gesuchten Schatz ausgibt. Es gibt daher so viele sociologische Systeme, als es Sociologen gibt, und da jeder an seiner Anschauung mit dem Eifer eines Religionstifters oder philosophischen Systemmachers hängt und alle anderen Anschauungen für falsch erklärt, kann es nicht einmal zu einer wissenschaftlichen Diskussion kommen. Nur durch eine solche wäre es aber möglich, festzustellen, was von dem bisher auf sociologischem Gebiete zu Tage Geförderten unbedingt als unhaltbar zurückzuweisen, was unbedingt als erwiesen zu betrachten wäre und endlich, was eventuell einer neuerlichen und gründlichen Durchforschung zu unterziehen wäre. Nur auf diese Weise wäre es möglich, Ballast über Bord zu werfen, Arbeitskraft zu sparen und rationell weiterzuarbeiten.

Für eine solche Diskussion die gemeinsame Platform zu schaffen, das war der nächste Zweck dieses zweiten Bandes. Es werden die Mitforschenden und Mitstrebenden vielleicht daraus zum erstenmale sehen, daß sich Ansichten, die bisher für unversöhnlich gegolten, recht gut nebeneinander vertragen können und daß man nicht alles andere verwerfen müsse, wenn man einen Satz für recht erkennt. Wenn ich sage, ein Tempel ist ein Kunstwerk, ist eine Andachtsstätte, ist ein von Mauern umschlossener Raum, ist eine Freistätte u. s. w., so stelle ich eine Reihe von Begriffsbestimmungen auf, die miteinander ganz und gar nichts zu tun haben, die sich aber trotzdem nicht ausschließen, da ein Tempel eben alles das zugleich ist. Wenn aber der Sociologe A behauptet, die Gesellschaft sei ein Werk der Vernunft, B sie sei ein Kind der Triebe, C sie sei die Frucht des Rassenkampfes, D sie beruhe auf der Arbeitsteilung, E sie sei das Ergebnis der natürlichen Kräfte des Milieus, F sie sei Nachahmung u. s. w. u. s. w. — dann wird nicht einmal der Versuch gemacht, nachzusehen, ob sich denn wirklich diese Begriffsbestimmungen ausschließen oder ob sie sich nicht vielmehr in ein gehöriges System der Über- und Unterordnung gebracht, sehr gut nebeneinander vertragen.

Ich habe diese Aufgabe in dem vorliegenden Bande auf mich genommen. Wenn mir „wohlwollende" Kritiker nachrufen werden, ich sei ein Eklektiker, so werde ich ihnen mit Seelenruhe erwidern: Ich habe mich noch nie vor einem Worte gefürchtet und auch das Wort Eklektizismus kann mir kein Grausen einjagen. Wenn Menschen immer nur originell sein wollen, denke ich immer an den Goetheschen „Narren auf eigene Faust". Die Sociologie hat bisher genug „originelle" Leistungen aufzuweisen; es wäre kein Unglück, wenn sie nun einmal zu einer „bloßen" Synthese des Gefundenen schreiten würde. Inwieweit ich durch mein Buch eine solche angebahnt und damit vielleicht zu einer Umkehr in der Sociologie mit beigetragen habe, wird die Zukunft lehren. Nur diejenigen, welche den Stand unserer Wissenschaft garnicht kennen oder die Übelwollenden, werden meine Absichten wieder verkennen, wie sie es in früheren Fällen getan haben. Dem Einsichtigen brauche ich nicht erst zu sagen, daß ich die von mir formulierten Gesetze nicht für unumstößlich halte. Ich betrachte sie als Thesen, die zunächst in Zusammenhang mit dem ganzen Komplex der Probleme in Diskussion zu ziehen wären. Keine Wissenschaft hat ihr Ziel anders erreicht. Auf eine lange Epoche der Analysis und der individualistischen Forschung mußte eine Zeit der Synthese, der Zusammenfassung und Organisation folgen. Nur wenn auch diese Epoche eintritt, war die Mühe der vorangegangenen nicht verloren. Wie aber soll diese Organisation anders erfolgen als durch Diskussion einer gemeinsamen Grundlage. Wie viel von dieser Grundlage auch nach der Diskussion noch übrig bleibt, muß dem ehrlichen, selbstlosen Forscher ganz einerlei sein. Und wenn die Einigung über noch so wenige Punkte erfolgt, wird dies doch einen enormen Fortschritt bedeuten gegenüber der heutigen Anarchie, in der alles, auch das Beste, bestritten und unsicher ist.

Dazu beigetragen zu haben würde mich mehr befriedigen als das Gefühl, in diesem Buch eine ganz originelle Arbeit geliefert zu haben.

Wien, am 15. März 1903.

Dritter Teil.

Sociologie als Wissenschaft.

Neuntes Kapitel.

Die Aufgaben der Sociologie.

I.

Der reinen, heiligen Wissenschaft sind die praktischen Zwecke fremd. Selbstlos und entsagend dient sie nur einem Ziel, der menschlichen Erkenntnis, opfert sie nur einer Gottheit, der Wahrheit. Wenn der Astronom sich müht, einen fernen Punkt im unermessenen Weltraum zu bestimmen, da ist es ihm sehr gleichgültig, ob die Kunde von dieser neuen Welt jemals unserer kleinen Welt zu gute kommen wird. Spinoza oder Kant haben bei ihren tiefen Forschungsreisen in das Reich der Menschenseele wohl nie an eine praktische Ausbeute gedacht, und Newton hätte vermutlich nicht minder eifrig die Kräfte und Gesetze der Natur studiert, wenn er auch ganz bestimmt gewußt hätte, daß von seinen Studien kein praktischer Gebrauch zu machen wäre. Dem Kulturmenschen ist Wissen Selbstzweck. Dies bezweifeln heißt die Voraussetzungen jeder sittlichen Handlungsweise erschüttern, denn es heißt daran zweifeln, daß Menschen selbstlos und entsagend handeln können.

Gleichwohl ist das Zweckbewußtsein dem Menschen so selbstverständlich und die Rücksicht auf die Diesseitsziele so natürlich, daß wir es weder dem Forscher noch dem Publikum verargen dürfen, wenn sie gelegentlich auch an die praktische Nutzbarkeit einer Wissenschaft denken. Es hat eine Zeit gegeben, wo man die Frage nach einer solchen Nutzbarkeit geradezu als Kränkung der reinen Wissenschaft erklärte. Dieser Standpunkt ist aber ebenso töricht, wie der andere, daß die Geltung einer Wissenschaft von irgend einer Beziehung zu praktischen Zwecken abhängig sei. Ein Forscher kann im Augenblick des Forschens sehr weit von jeder Rücksichtnahme auf praktische Zwecke stehen, ja er muß dies sogar tun, weil eine solche Rücksichtnahme auf ein gewolltes Resultat ihn sehr leicht von seinem rechten Wege ablenken könnte. Wenn er aber am Ziel seiner geistigen Wanderung angelangt, die goldene Frucht der Erkenntnis gepflückt hat oder gepflückt zu haben meint, dann kann er wohl auch daran denken, seine Wissenschaft praktisch zu verwenden, um diese Frucht auch andern mitzuteilen. Und er handelt dann nicht weniger sittlich, da er von gemeinnützigen Rücksichten ausgeht.

Jede Wissenschaft muß den Menschen durch sich selbst genügen; aber jeder menschliche Gedanke strebt doch wieder zur Erde zurück, von der er sich aufgeschwungen. So wie sich die Wirklichkeit über sich selbst erhebt in der Idee, so strebt die Idee, wieder zur Wirklichkeit zu werden; das ist, wie wir sehen werden, eine Bedingung jedes Fortschritts.

Auch die socialen Wissenschaften würden schon ihren Beruf erfüllen, wenn sie uns bloß eine geordnete Kenntnis und Erkenntnis von der Natur der gesellschaftlichen Vorgänge vermitteln würden, und es hätte niemand ein Recht, diesem Zweige der Erkenntnis den Namen „Wissenschaft" strittig zu machen, weil sie uns nicht positive Anhaltspunkte dafür bietet, wie wir uns in einer bestimmten politischen Lage zu benehmen haben. Andererseits wohnt auch den socialen Wissenschaften der gleiche Zug zur praktischen Anwendung inne, wie allen anderen Wissenschaften. Von Plato bis auf Karl Marx und von Aristoteles bis auf Herbert Spencer hat allen Denkern, die sich mit dem Studium der gesellschaftlichen Vorgänge befaßten, eine durch wissenschaftliche Erkenntnis geregelte und geläuterte Politik als letztes Ziel vorgeschwebt. Ja, die eigentlichen Väter unserer Wissenschaft Vico, Comte, Quételet träumten von der Möglichkeit, durch die Vermittlung der Sociologie exakte Maßstäbe zu gewinnen, mittels welcher die Vorgänge des socialen Lebens etwa so wie die Vorgänge am gestirnten Himmel gemessen, festgesetzt und vorhergesagt werden könnten.

So sanguinisch und weitgehend die in die Sociologie gesetzten Hoffnungen mitunter auf der einen Seite waren und sind, so groß waren die Enttäuschungen und Rückschläge, als man die Aussichtslosigkeit jener Hoffnungen rückhaltlos zugeben mußte. Nun verfiel man in den entgegengesetzten Fehler. Weil es sich zeigte, daß die Sociologie nicht die Mittel zu einer verläßlichen Vorhersage und Vorherbestimmung politischer Ereignisse an die Hand gebe, warf man sie als geschäftigen Müssiggang bei Seite und wollte sie überhaupt nicht mehr als Wissenschaft gelten lassen. Beides ist aber gleich kleinlich und verrät mangelhafte Einsicht in das Wesen der Wissenschaft.

Man kann heute schon — und man tut gut daran, es offen auszusprechen — mit aller nur wünschenswerten Sicherheit und Bestimmtheit sagen, daß die Sociologie uns nie in den Stand eines politischen Orakels versetzen, daß sie die Politik nie in ein exaktes Experiment umwandeln werde. Schon Stuart Mill hat die Unmöglichkeit solcher Leistungen nachgewiesen durch die unzweifelhafte Tatsache, daß jedes sociale Ereignis die Wirkung nicht einer, sondern ungezählter, wieder in Wechselwirkung stehender Ursachen ist, und daß sonach der Ablauf eines solchen Ereignisses nicht wie eine Mondfinsternis vorhergesehen oder gar wie ein physikalischer Vorgang absichtlich herbeigeführt werden könne. An dieser harten Tatsache wird sich wohl durch keinen Fortschritt menschlicher Wissenschaft je etwas ändern lassen. Ist aber damit die Geltung der Sociologie als Wissenschaft ausgeschlossen? Leiden nicht auch andere Wissenschaften, besonders die sogenannten Naturwissenschaften unter gleichen Voraussetzungen und Wirkungen? Die Biologie kennt heute die Gesetze der organischen Entwicklung ziemlich genau. Es ist ihr aber nicht gegeben, in einem bestimmten Fall zu sagen, ob eine Entwicklung weiterschreiten oder anhalten oder gar sich in eine Rückentwicklung umwandeln werde. Auch eine viel praktischere, ja mit der Praxis stehende und fallende Wissenschaft, die Heilkunde, kann wohl sagen, wie man Krankheiten vorbeugt, wie man ausgebrochene Krankheiten behandelt und heilt, sie ist aber nicht imstande — und wird es nie sein —, in einem bestimmten Fall den Verlauf eines pathologischen Prozesses und den Erfolg der angewendeten Mittel vorherzusagen, und wäre der Verlauf scheinbar auch noch so normal.

So wenig aber deshalb die medicinische Wissenschaft wertlos ist, so wenig spricht gegen den Wert der Sociologie der allerdings bedauerliche Umstand, daß sie den Eintritt eines bestimmten politischen Ereignisses nicht mit derselben toten Gewißheit vorherbestimmen kann, mit der z. B. die Astronomie den Eintritt einer Mondfinsternis bestimmt.

II.

Damit ist aber noch keineswegs gesagt, daß die Sociologie überhaupt keinen praktischen Nutzen haben könne. Man wird durch die Kenntnis der reinen Mechanik nicht in die Lage versetzt, ein bestimmtes technisches Problem zu lösen, z. B. eine Brücke zu bauen. Aber es wird niemand in Abrede stellen, daß der Bau einer kühn gespannten Brücke ohne Kenntnis der Mechanik nur schwer oder gar nicht möglich sein wird. Die Kenntnis des Blutkreislaufes, des Stoffwechsels, der Verbreitung des Nervensystems u. s. w. befähigt an und für sich niemanden dazu, einen Typhus zu kurieren. Aber es wird kaum in Zweifel gestellt werden, daß ein mit der Kenntnis jener Tatsachen ausgerüsteter Arzt am Krankenbette mit ganz anderer Aussicht auf Erfolg operieren wird, als einer, der vom Kreislauf, Stoffwechsel u. dgl. keine Ahnung hat. Man muß die Wissenschaft von der Technik unterscheiden. In der Regel ist die Technik sogar älter als die Wissenschaft. Es gab Brückenbauer, als man noch keine Ahnung von der reinen Mechanik hatte, Metallurgen, ehe es eine Chemie gab, Ärzte, ehe es eine wissenschaftliche Anatomie, Physiologie oder Pathologie gab.

Auch den socialen Wissenschaften entspricht eine Technik, sie heißt — Politik. Es hat zu vielen, sehr vielen Irrtümern geführt, daß man diese beiden Dinge immerwährend zusammengeworfen hat und noch zusammenwirft. Die Sociologie ist nicht die Politik, und die Politik ist weder eine Wissenschaft, noch soll sie je eine Wissenschaft werden, wie Comte glaubte;[1]) Politik ist vielmehr eine Technik — „Staatskunst“ nennt man sie und nicht Staatsweisheit —, und es gab lange ehe es eine Sociologie gab, Politiker, ja, wie man männiglich weiß, große und bewunderungswürdige Politiker. Aber genau so, wie die Maschinen- oder Bautechnik erst durch die wissenschaftlichen Fortschritte der Mechanik und Physik im allgemeinen ihre großen Triumphe errungen, wie die Heilkunde ihre großen Fortschritte erst gemacht hat, als sie auf die breite Basis der Naturwissenschaften gestellt wurde — ebenso wird die politische Technik erst erfreuliche und bemerkenswerte Fortschritte machen, wenn sie dem nackten Empirismus entrissen und durch eine wissenschaftliche Erkenntnis ihres Gegenstandes erleuchtet und geführt sein wird.

Allerdings werden die socialen Vorgänge — wie wir bald sehen werden — nicht ausschließlich und nicht einmal vorwiegend durch die menschlichen Begriffe, sondern ebenso sehr durch unsere Triebe und natürlichen Interessen bestimmt, und die Leidenschaft spielt in der Politik oft eine wichtigere Rolle als die Erkenntnis. Aber wenn wir hier —

[1]) La politique doit aujourdhui et peut devenir une science positive et physique, traitée à la manière de l'astronomie, de la chemie etc. mon ouvrage a pour but de la faire ainsi“ (Lettres d'A. Comte à M. Valat. Paris 1870 vgl. Franck Alengry, La Sociologie chez A. Comte. Paris 1900).

wo wir ja dem Gegenstande unserer Untersuchung nicht vorgreifen wollen, auch das Schlimmste annehmen, daß nämlich die Politik ausschließlich durch den Egoismus der Klasse bestimmt werde, so bleibt doch die eine Tatsache noch immer aufrecht, daß es einen wohlverstandenen und einen übelverstandenen Egoismus gibt. In der Politik rühren die meisten Fehler gerade vom übelverstandenen Egoismus her, der schlechte und falsche Mittel zur Erreichung seines Zweckes wählt.

Und so kann immer noch die Sociologie als ein für die Voraussagung unzulängliches Wissen — wie Mill sagt —, doch als ein Wegweiser sehr schätzbar sein. „Es ist“ — fährt Mill fort — „für eine kluge Führung sowohl der Geschäfte der Gesellschaft als auch der eigenen Privatangelegenheiten nicht notwendig, daß wir die Resultate von dem, was wir tun, unfehlbar voraussehen. Wir müssen unseren Zweck durch Mittel zu erreichen suchen, die vielleicht vereitelt werden, und uns gegen Gefahren vorsehen, die vielleicht niemals eintreffen. Es ist das Ziel der praktischen Politik, eine gegebene Gesellschaft mit der möglichst großen Anzahl von Umständen zu umgeben, deren Bestreben wohltätig sind, und diejenigen Umstände, deren Bestreben schädlich sind, zu beseitigen oder zu verhindern. Eine bloße Kenntnis der Bestreben gibt uns diese Macht bis zu einem gewissen Umfang, wenn sie uns auch ohne die Macht läßt, das Gesamtresultat derselben vorauszusagen.“

Die praktische Nutzbarkeit der Sociologie wird also immer in ihren allgemeinen Erkenntnissen von dem Wesen der Gesellschaft und nicht in ihrer gewissermaßen technischen Anwendbarkeit auf die Politik liegen. Solche allgemeine Sätze sind zwar wegen ihres großen Umfanges oft recht inhaltsarm; aber man darf daraus doch nicht schließen, daß sie deswegen praktisch wertlos seien. Auch hier bietet uns die medicinische Wissenschaft wertvolle Anhaltspunkte. In der Heilkunde wurden die größten praktischen Triumphe gerade durch richtige Deutung und Anwendung der allerallgemeinsten Gesetze, ja sogar scheinbar durch ganz banale Sätze erzielt. Die Prophylaxis und Antisepsis, auf denen die erfolgreiche Bekämpfung der massenmordenden Epidemien und zum allergrößten Teile auch die glänzenden Fortschritte der modernen Chirurgie beruhen, folgen unmittelbar aus allerallgemeinsten Sätzen und Erkenntnissen von den Bedingungen des organischen Lebens.

In ähnlicher Weise wie durch die prophylaktische Methode auf hygienischem Gebiete müßte auch auf geistigem Gebiete der Mensch vor krankhaften Entartungen bewahrt werden können. Die großen politischen

Verirrungen sind mit Recht immer unter dem doppelten Gesichtspunkt großer moralischer Anomalien und psychopathischer Erscheinungen betrachtet worden. Es ist keine von den so beliebten spielerischen Analogien, wenn man von einer hygienischen Vorbeugung gegen moral and political insanity spricht. Und diese Hygiene kann nur durch eine wissenschaftliche Erkenntnis der gesellschaftlichen Erscheinungen besorgt werden. Seit die Moral aufgehört hat, ihre letzte Sanktion in Gott, ihre Begründung in der Theologie zu suchen, kann sie diese nur noch in den socialen Empfindungen, Gefühlen und Erkenntnissen finden. Ein irregeleitetes sociales Empfinden oder Denken muß bei Einzelnen wie bei Massen zu schweren politischen Verirrungen, zu krankheitsartigen Erscheinungen im Leben der Massen und zu bedenklichen Störungen des socialen Entwicklungsprozesses selbst führen. Ein schlagendes Beispiel dafür bilden die chiliastischen Erscheinungen aller Zeiten, jene das Mittelalter wie die Neuzeit erfüllenden Schwärmereien, welche oft epidemieartig die Massen befielen, sie der Hoffnung auf ein irdisches Eden leben ließen, und sie dabei in einen psychopathologischen, wenn nicht gar verbrecherischen Zustand stürzten. Diese Bewegungen wären ganz unmöglich, wenn über das Wesen der menschlichen Gesellschaft und über die Natur der socialen Vorgänge klarere Vorstellungen bestünden und auch in der Masse verbreitet wären. Wie die allgemeine Anerkennung der Reinlichkeit und die Beobachtung gewisser einfacher hygienischer Vorschriften der Ausbreitung der Epidemien eine feste Schranke gesetzt hat, so müßte die Verbreitung gewisser elementarer Begriffe über das Leben und Wesen der Gesellschaft in wirksamer Weise allen jenen Erscheinungen von moralischer und politischer Insanity vorbeugen. August Comte war — obwohl er selbst an die Möglichkeit politischer Vorhersagen glaubte — doch auch der Meinung, daß die Sociologie mehr als durch irgend eine Theorie nutzen werde, indem sie die Geister auf den normalen Zustand zu bringen vermag (même avant d'établir aucune théorie sociale, elle ramènera, par la seule influence de sa méthode les intelligences à l'état normal).

Und nicht bloß moralischen und politischen Epidemien wird durch eine wissenschaftliche Grundlegung der socialen Begriffe vorgebeugt werden, die positiven Moralbegriffe und die social-schöpferischen Gedanken hängen nicht weniger von wahren und rechten Vorstellungen und Begriffen über das Wesen des socialen Lebens ab. Die Sociologie ist keine Weltanschauung, aber sie ist das Tor zu einer Weltanschauung und Lebensweisheit. Jedes große sociale Entwicklungsereignis, es mag noch so sehr von materiellen Interessen bestimmt sein, vollzieht sich nicht im Namen des Egoismus, sondern im Zeichen einer Idee. Alle großen politischen Bewegungen kämpfen unter der Fahne einer großen sittlichen Forderung. Begeisterung, Aufopferung und Hingebung ist nur unter der Voraussetzung starker socialethischer Überzeugungen möglich, und diese müssen wieder abgrundtief in einer Weltanschauung wurzeln. Ehedem war es die Religion oder die Metaphysik, welche diesen Wurzelgrund so starker sittlicher Begriffe abgab; wo diese Nährböden der Sittlichkeit erschöpft sind, muß aus dem Schoße einer neuen wissenschaftlichen Weltanschauung eine neue Blüte der Sittlichkeit aufblühen. Die Voraussetzung einer solchen Weltanschauung ist aber zunächst eine wissenschaftliche Kenntnis der socialen Existenzen überhaupt. Die Sociologie, so verachtet sie jetzt vielfach ist, wird die Bahnbrecherin einer neuen ethischen und politischen Renaissance werden, die Quelle schöpferischer und politischer Gedanken.

Wenn also auch die Sociologie nie aus Politikern Propheten machen, die Politik nie in ein physikalisches Experiment umwandeln wird, so ist damit doch noch keinesfalls ihre Wertlosigkeit für das reale Leben dekretiert. Sie erfüllt ihre Aufgabe auch dann schon, wenn sie uns in den Stand setzt, durch allgemeinere Erkenntnisse von den Lebensformen und Bedingungen der menschlichen Gesellschaft bestimmend auf den Entwicklungsprozeß derselben einzuwirken. Von ihr gilt, was Mommsen von einer nahe verwandten Wissenschaft sagt: „Freilich soll die Geschichte der vergangenen Jahrhunderte die Lehrmeisterin des laufenden sein; aber nicht in dem gemeinen Sinne, als könne man die Konjunkturen der Gegenwart in den Berichten über die Vergangenheit nur einfach wieder aufblättern und aus denselben der politischen Diagnose und Receptierkunst die Symptome und Specifica zusammenlesen; sondern sie ist lehrhaft einzig insofern, als die Beobachtung der älteren Kulturen die organischen Bedingungen der Civilisation überhaupt, die überall gleichen Grundkräfte und die ebenso verschiedene Zusammensetzung derselben offenbart und statt zum gedankenlosen Nachahmen vielmehr zum selbständigen Nachschöpfen anleitet und begeistert.“

Aus allem folgt das Eine, daß die Sociologie auch praktischen Zwecken am besten und meisten dienen wird, wenn sie unbekümmert um diese Zwecke und unentwegt der reinen Wissenschaftlichkeit zustrebt. Um aber diesen Charakter der Wissenschaftlichkeit zu erreichen und zu erhalten, kann sie nicht dabei stehen bleiben, die Gesellschaft einfach zu beschreiben, wie wir es im ersten Teile dieses Werkes unternommen haben. Auch die Entwicklungsgeschichte ist nur eine Art Deskription; sie haftet nur nicht am Augenblick, sie geht auch der Frage nach, wie der Gegenstand zu anderen Zeiten und unter anderen Umständen (historisch, ethnographisch) ausgesehen hat. Aber sie bleibt endlich doch eine Beschreibung, und wenn sie auch vielleicht eine verläßlichere Führerin zur Erkenntnis ist, als die bloße Betrachtung und Analyse des Gegenstandes (wie sie die alte Staatsrechtslehre geübt), so ist sie doch noch lange nicht die Erkenntnis selbst. Die Entwicklungsgeschichte der menschlichen Gesellschaft sagt uns, wie die Gesellschaft wird, aber nicht unmittelbar, was sie ist, welche Kräfte die Veränderungen in den socialen Gebilden bewirken, und nach welchen Gesetzen sich diese Wirkungen vollziehen.

Das ist es aber, worauf alles ankommt. Was ist die Gesellschaft? welches sind die socialen Kräfte und Gesetze? Das sind die Fragen, durch deren Beantwortung allein die Sociologie nicht bloß zur Erfüllung ihrer praktischen Aufgabe gelangt, sondern auch erst den Anspruch auf Geltung als Wissenschaft erwirbt. Das sind auch die Fragen, an deren Beantwortung wir in diesem Bande schreiten müssen. Bevor wir dies jedoch unternehmen können, müssen wir uns wenn auch in noch so knappen Zügen über die methodische Frage orientieren.

Zehntes Kapitel.

Die Methode der Sociologie.

I.

Die Frage nach der Methode ist gegenwärtig der wichtigste, ja vielleicht der einzige Gegenstand des Interesses für die Sociologen. Nach dem Sturm und Drang der ersten Jugend ist die Sociologie zu der nüchternen Erwägung gelangt, daß dem Systemmachen, wie es anfangs betrieben wurde, eigentlich eine unzweideutige Feststellung des Weges und eine vorurteilslose Prüfung der verfügbaren Mittel hätte vorausgehen sollen. Wie jede verspätete Erkenntnis führte auch diese zu einem Übermaß im ehedem versäumten Guten. Fast alle Publikationen der letzten Jahre sind methodologischer Art und die in diesen Schriften geführte Polemik ist ebenso unerquicklich als unfruchtbar. Der Streit um die Methode entpuppt sich nämlich immer mehr als ein Streit um die Sache, weil die Wahl der Methode von dem vorgefaßten Begriff des zu behandelnden Gegenstandes abhängig gemacht wird. Je nachdem einer die socialen Vorgänge vorwiegend als einen organischen Entwicklungsprozeß, oder als die Wirkung geistiger Triebkräfte betrachtet, wird er zur Erforschung dieser Vorgänge die biologische oder die historisch-philosophische Methode anempfehlen. Eine Versöhnung dieses methodologischen Gegensatzes und ein wirklicher Erfolg für die Sociologie ist auf dem eingeschlagenen Wege nicht zu erhoffen, da dem Methodenstreit eine Gegensätzlichkeit der Weltanschauungen zu Grunde liegt, die sich durch die gesamte geistige Entwicklungsgeschichte der Menschheit zieht und durch das Auftauchen neuer Kampfobjekte — wie es die socialen Probleme sind — an Schärfe gewiß eher zu- als abnimmt.

Die Aufgabe der voraussetzungslosen Wissenschaft ist es einerseits, sich über die Mittel und Wege der Forschung im vornhinein soviel als möglich klar zu werden, andrerseits lieber die Methodenfrage bei einem gewissen Punkte in der Schwebe zu lassen, als irgend etwas von dem zu lösenden Problem zu präsumieren.[1]) Diese Zeit läßt sich am besten durch eine vorurteilsfreie Kritik der geltenden und vorgeschlagenen Methoden und durch eine möglischst scharfe Absteckung der Grenzen des eigenen Forschungsgebietes erreichen.

Vor allem muß die Sociologie von allen jenen Gebieten wissenschaftlichen Strebens, die ihr entweder durch den Gegenstand der Forschung oder dem Ziel nach verwandt sind oder doch verwandt scheinen, scharf abgegrenzt werden. Ja es wird nicht überflüssig sein, vor einer Verwechslung der Sociologie mit einer geistigen Bewegung zu warnen, die einen ähnlich klingenden Namen hat. Es geschieht besonders in Frankreich gerne, daß man Sociologie und Socialismus in einen Topf wirft, obwohl erstere lediglich die objektive Erkenntnis, letzterer eine politische Aktion zum Ziele hat. Ebenso notwendig ist es, die Sociologie von der Politik im allgemeinen zu unterscheiden. Wir haben auf die Wichtigkeit dieses Irrtums bereits aufmerksam gemacht und werden noch darauf zurückkommen. Die Sociologie ist eine Wissenschaft; die Politik kann, soweit sie nach vernünftigen Regeln betrieben wird, höchstens eine Technologie sein. Allerdings wird die Sociologie, wie wir gezeigt haben, in der Lage sein, der Politik große Dienste zu erweisen und sie vor Irrtümern zu bewahren, denen sie heute vielfach ausgesetzt ist. Aber daß die Politik jemals eine Wissenschaft werden könnte, ist nach der Natur der Sache ausgeschlossen.

Es ist aber auch die Sociologie von all den vielen Wissenschaften zu unterscheiden, die sich allerdings mit einzelnen Phänomenen und

---

[1]) Wir führen hier einige der wichtigsten Schriften an, die sich ausschließlich mit der Methodenfrage beschäftigen: Ludwig Stein, Wesen und Aufgabe der Sociologie, Berlin 1898. — P. v. Lilienfeld, Zur Vertheidigung der organischen Methode in der Sociologie. Berlin 1898. — E. Durkheim, Les règles de la méthode sociologique. Paris 1895. — S. R. Steinmetz, Quelques mots sur la méthode de la Sociologie (Annales de l'Institut International de Sociologie). Paris 1896. — H. Spencer The study of Sociology (deutsch von A. Marquard sen., Einleitung in das Studium der Sociologie. Leipzig 1875) u. a. m.

Problemen des socialen Lebens befassen, oder die gesellschaftliche Entwicklung aus besonderen Gesichtspunkten betrachten. Die Sociologie ist die sociale Wissenschaft schlechtweg, betrachtet das gesellschaftliche Leben in seiner Einheit, die Gesetze so gut wie die Formen der socialen Entwicklung, die geistigen so gut wie die physischen Treibkräfte des socialen Lebens. Es ist leicht begreiflich, daß die sogenannten socialen Wissenschaften (Anthropologie, Volkswirtschaftslehre, Staatsrechtslehre, Rechtsphilosophie und Rechtsgeschichte, Statistik, Demographie u. s. w.) in der Hitze des wissenschaftlichen Eifers sich oft der Täuschung hingaben, sie könnten, eine jede von ihrem Beobachtungspunkte aus, ein in sich geschlossenes Bild der gesellschaftlichen Entwicklung geben, welches jedes andere überflüssig machen würde. Allein alle diese Bemühungen können, im allerbesten Falle doch nur den Erfolg haben, daß wir eine oder die andere sociale Entwicklungsreihe klar zu schauen bekommen. Die sociale Entwicklung besteht aber nicht bloß in der Entwicklung der menschlichen Rasse, oder der Wirtschaft, oder der Herrschaft, des Rechtes, der Religion, der Ideen u. s. w., sondern in der Einheit aller dieser Entwicklungsreihen. Die Sociologie als die Wissenschaft von der gesellschaftlichen Entwicklung schlechthin darf daher nicht wie das Glasprisma den einheitlichen Lichtstrahl in seine einzelnen Farben zerlegen, sondern muß den also zerlegten Strahl sammeln und nach einem Punkt hinleiten. Sie ist nicht Anthropologie, Volkswirtschaftslehre, Demographie u. s. w., sondern sie benützt diese Wissenschaften als Hülfswissenschaften, welche die Daten liefern müssen für die sociologische Synthese. Und die Sociologie ist im Wesen eine synthetische Wissenschaft.

Die größte Gefahr für die Klarheit und Zielsicherheit der sociologischen Forschung liegt jedoch nicht in der Verwechslung mit praktischen Bestrebungen, wie es die Politik im allgemeinen oder der Socialismus ist; der gesunde wissenschaftliche Instinkt wird in diesem Falle den Forscher, der fehlgegangen ist, bald auf den richtigen Weg zurückbringen. Auch nicht in der Verwechslung der Sociologie mit einer ihrer Hülfswissenschaften liegt die größte Gefahr; in diesem Falle wird, wie in Quételets und Mayers statistischer Sociologie, in Sachers sociologischer Mechanik, Ammons Versuchen einer Gesellschaftswissenschaft auf rein anthropologischer und Letourneaus Versuch auf rein ethnographischer Basis u. s. w. fast immer etwas sehr Ersprießliches geleistet, das zwar nicht Sociologie ist, dieser aber außerordentlich zu statten kommt. Die größte Gefahr liegt aber in einer Verwechslung unserer Wissenschaft mit zwei Wissenschaften, die ihrer ganzen Bestimmung nach gar nichts mit der objektiven Erkenntnis der gesellschaftlichen Vorgänge, Phänomene und Prozesse zu tun haben; das ist auf der einen Seite die Biologie, auf der andern die Philosophie. Allerdings gibt es Grenzgebiete, wo die Sociologie einesteils hart an das biologische, andrerseits an das philosophische Gebiet stößt. Allein wer gibt uns das Recht, deshalb die wissenschaftlichen Grenzmarken zu verschieben und zu verletzen?

Die Biologie befaßt sich mit den Formen und Gesetzen des organischen Lebens. Nun ist es ja möglich, daß das sociale Leben sich als eine Wiederholung des organischen Prozesses in einer höheren Potenz, auf einer höheren Stufe darstellt. Nach welcher Logik folgt aber daraus, daß die Sociologie einfach die auf ein neues Objekt angewandte Biologie sei? Und gleichwohl gibt es eine sehr angesehene und sehr zahlreiche Schule, die allen Ernstes diese Ansicht vertritt und sich dabei auf Comte und Herbert Spencer beruft. Daß die meisten großen „Organiker“, besonders Spencer, zu der Gleichung Gesellschaft = Organismus auf rein induktivem Wege gekommen zu sein glauben, soll nicht in Abrede gestellt werden; in Wirklichkeit ist aber doch das Gegenteil der Fall. Es handelt sich hier keineswegs, wie die Organiker angeben, um eine Methodenfrage im gewöhnlichen Sinn des Wortes. Was sollte denn auch das Wort „biologische Methode“ eigentlich bedeuten? Gibt es neben dieser etwa auch eine anatomische, eine astronomische, eine physikalische, chemische Methode u. s. w.? Unseres Wissens gibt es nur Eine wissenschaftliche Methode, die aus der zweckentsprechenden Verkettung von Induktion und Deduktion, Analyse und Synthese besteht und verschieden nur je nach dem Objekt der Forschung, nach den Hülfsmitteln, den Mitteln der Kontrolle und des Beweises sein kann. Was man unter „biologischer Methode“ verstehen soll, ist uns eigentlich nie recht klar geworden, da die Biologie die verschiedensten Hülfsmittel der Kontrolle und des Beweises verwendet, die direkte Beobachtung, das Experiment und nicht zum geringsten Teile die indirekte historische Methode, der sie sogar ihre größten Errungenschaften verdankt. Wenn man aber unter „biologischer Methode“ den von Schäffle, Lilienfeld, René Worms u. a. gemachten Versuch verstehen sollte, die socialen Vorgänge und Prozesse einfach durch die wirklichen oder vermeintlichen biologischen Parallelerscheinungen erkennen zu wollen, dann können wir darin weder eine falsche noch eine rechte Methode, sondern nur eine pseudowissenschaftliche Spielerei erkennen, die wohl auch schon früher ein- oder das andere Mal von anderen Wissenschaften in ihren Kinderjahren betrieben wurde, aber immer mit dem gleichen Mißerfolge. Der Wissenschaft ist der Glaube an Analogien, wie sie die „biologische Methode" kultiviert, wesensfremd. Diese Verwechslung von Sociologie und Biologie entspricht aber auch trotz Spencer gar keinem wissenschaftlichen, sondern einem philosophischen Bedürfnisse. Es liegt hier einfach einer von den vielen Versuchen vor, das sociologische Problem durch eine Annahme a priori, d. i. durch die Annahme der Identität von Gesellschaft und Organismus zu erklären und zwar nicht synthetisch und induktiv, sondern analytisch, deduktiv. Wir haben es also hier nur mit einer besonderen Form der Philosophie zu tun, mit welcher jedoch die Sociologie ebensowenig zu verwechseln ist.

Es sind hauptsächlich zwei Formen, in welche sich die philosophische Ausdeutung des socialen Prozesses kleidet: die Philosophie der Geschichte und die Socialphilosophie im weiteren Sinne.

Die Philosophie der Geschichte sucht die Gesetzmäßigkeit der historischen Entwicklung durch irgend ein transcendentes Prinzip zu erklären, ob dieses nun ein ideelles Prinzip, wie Hegels „Vernunft", oder ein materielles sein mag, wie die Produktivkräfte des historischen Materialismus. Die Marxisten waren die ersten, welche ihre Geschichtsauffassung als die einzig richtige, wissenschaftliche Erkenntnis der menschlichen Gesellschaft ausgaben. In neuerer Zeit haben vom Marxismus ganz unabhängige Denker, wie P. Barth[1]), Lindner[2]) u. a. die Geschichtsphilosophie wieder an Stelle der Sociologie zu setzen versucht. Das sind vor allem die extremsten Gegner der biologischen Methode, obwohl doch beide, Organiker und Geschichtsphilosophen eigentlich ganz dasselbe wollen, die sociale Entwicklung durch eine apriorische Annahme erklären. Ob diese nun materialistisch, hylozoistisch, idealistisch, monistisch oder sonst etwas ist, ist ganz gleichgültig. Der springende Punkt ist der, daß die Wissenschaft nicht von apriorischen Annahmen ausgehen darf, und daß daher die Sociologie, als eine empirische Wissenschaft, von jeder Geschichtsphilosophie grundverschieden sein muß. Abgesehen hiervon gibt es aber noch eine ganze Menge anderer Grenzmarken. „Die Philosophie der Geschichte", sagt G. Tarde[3]), „ist grundverschieden von der Sociologie. Die letztere will Gesetze der Entwicklung formulieren, die auf alle wirklich vorhandenen oder doch möglichen Gesellschaften anwendbar sind, die

---

[1]) Die Philosophie der Geschichte als Sociologie.

[2]) Geschichtsphilosophie. Stuttgart 1901.

[3]) Révue internationale de Sociologie. Paris 1899 p. 436f.

zunächst als voneinander unabhängig und als getrennt sich entwickelnd gedacht werden. Aber die Philosophie der Geschichte bezieht sich bloß auf die bekannten Gesellschaften, oder besser noch bloß auf eine kleine Zahl derselben, die eine geschlossene Kette bilden von Ägypten und China durch Griechenland und Rom zum heutigen Europa.“ Eben diese Annahme, daß die Geschichte der Völker eine ununterbrochene Kette bilde, daß es eine einheitlich sich entwickelnde Menschheit gebe, gerade diese der Philosophie der Geschichte eigentümliche, ja unerläßliche Annahme bilde aber den tiefen Grenzgraben zwischen beiden Wissenschaften. Die Sociologie studiert die einzelnen Erscheinungsformen des gesellschaftlichen Lebens empirisch und sucht aus ihnen die allen Gesellschaften gemeinsamen Züge, die allgemeinen Gesetze der Entwicklung abzuleiten. Der Unterschied ist also eigentlich folgender: die Geschichte der Philosophie sucht das Gesetz, die Sociologie die Gesetze der Entwicklung. **Das** Gesetz ist aber ein transcendentes Objekt, welches nicht erkannt und ebendeshalb a priori gesetzt wird. Die Philosophie der Geschichte ist daher deduktiv, analytisch, die Sociologie induktiv, synthetisch.

Nicht zu verwechseln mit der Geschichtsphilosophie ist die Socialphilosophie. Ich verstehe darunter jeden Versuch, dem socialen Problem durch philosophische Konstruktionen auf systematischem Wege nahezukommen; hierher gehört Comtes positive Politik sogut wie Ratzenhofers sociologisch-philosophische Werke, Rousseaus Contrat social wie Proudhons Lebenswerk, hierher gehört alles, was man mit einem Worte die sociale Weltanschauung nennen kann. Der Unterschied zur Geschichtsphilosophie ist ein gewaltiger. Die letztere muß, wenn ihre Voraussetzung falsch ist, selbst innerlich falsch und wertlos sein. Denn eine Wissenschaft oder Pseudowissenschaft steht und fällt mit der objektiven Gültigkeit ihrer Resultate. Ganz anders die Weltanschauung. Bei einer Weltanschauung kommt es auf die objektive Gewißheit gar nicht an, sondern nur auf die subjektive Gültigkeit. Der Wert einer Weltanschauung liegt nicht in einer Vermehrung der objektiven Erkenntnis, sondern in der subjektiven Veredlung, in ihrer Bedeutung für die praktische Vernunft, für die Ethik und Politik. Die Socialphilosophie ist daher für die sociale Entwicklung selbst von der größten Bedeutuug, da sie meist zugleich Ursache und Wirkung socialer Umwälzungen ist. Aber mit der Sociologie ist sie gerade deshalb durchaus nicht zu verwechseln. Die Sociologie hat mit all dem nichts zu tun. Auf dem Grunde jeder Sache, sie heiße wie sie wolle, lauern metaphysische Probleme. Aber es ist nur Schwachheit des Geistes und Willens zu erklären, man könne an diesen Problemen nicht vorübergehen. Ich will wahrhaftig den hohen Wert der Philosophie nicht herabsetzen. Aber eben weil es ausschließlich Aufgabe der Philosophie ist, mit diesen Problemen sich zu beschäftigen, kann dasselbe Geschäft nicht auch die Aufgabe der empirischen Wissenschaften sein. Je fester die Wissenschaften auf empirischer Basis gegründet sind, desto sicherer und richtiger wird die Philosophie unsere Einzelerkenntnisse zu einem einheitlichen Weltbilde verknüpfen, aus dem sich wieder die stärksten Antriebe für das reale, praktische Leben herleiten. Wenn wir aber alle Wissenschaften — wie es wohl ehedem geschah — irgendwo an die Philosophie anhängen wollten, so hätten wir bald weder eine Wissenschaft noch eine Philosophie. Sociologie und Socialphilosophie sind also wohl verschiedene Dinge, die ja nicht zusammengeworfen werden dürfen, aber sie bilden keinen Gegensatz — wie Sociologie und Geschichtsphilosophie — und schließen sich nicht aus. Im Gegenteile, je sicherer und unabhängiger von allen Transcendentalbegriffen die Sociologie begründet ist, desto sicherer und kühner und erfolgreicher wird sich die Socialphilosophie entwickeln, besonders in der Form der sociologischen Erkenntnistheorie (Ratzenhofer), der socialen Psychologie, Ethik und Pädagogik.

II.

Wir haben durch diese Abgrenzung des sociologischen Durchforschungsgebietes für die schwierige Methodenfrage dreierlei gewonnen:

1. Die Sociologie ist eine synthetische Wissenschaft, welche die von den verschiedensten Disciplinen gebotenen Data verwendet und zu einem einheitlichen Bilde der gesellschaftlichen Entwicklungen verarbeitet. Sie kann sich daher aller jener Methoden bedienen, welche ihre Hülfswissenschaften, Geschichte, Anthropologie, Psychologie, Statistik, Demographie u. s. w. benützen.

2. Die Synthese will und soll zu möglichst allgemeinen Sätzen über das Wesen und die Formen der socialen Entwicklung führen. Aber diese Verallgemeinerung darf nie so weit geführt werden, daß sie nicht mehr durch die Erfahrung rectificiert werden kann. Mit anderen Worten, jedes Transcendieren, jede Einschmuggelung der spekulativen Methode ist der Sociologie als empirischer Wissenschaft versagt. Die Sociologie kann sociale Kräfte entdecken, die sociale Kraft, die Urkraft zu suchen muß sie der Philosophie überlassen. Sie kann Gesetze finden, die exakte Geltung haben, aber das Gesetz des socialen Lebens schlechtweg zu

formulieren ist nicht ihre Sache. Dieser Verzicht mag vielen schwer fallen, ja unmöglich sein; aber er setzt unsere Wissenschaft gewiß nicht herab, sondern bedeutet ihre ethische Sanktion.

3. Die Sociologie kann nie auf rein analytischer Basis begründet werden, wie es der Versuch bedeutet, ein gesellschaftliches Problem durch Analogien mit dem organischen Leben zu erklären. Dagegen ist es selbstverständlich, daß die bisher festgestellten allgemeinen Naturgesetze auch für die socialen Gebilde ihre Gültigkeit behalten müssen. Wenn z. B. sich herausstellen sollte, daß die socialen Gebilde reale Wesen, Körper wie andere sind, so müssen sie auch den allgemeinen Gesetzen der Körperwelt unterliegen, woraus aber noch lange nicht folgt, daß sie einfach auf mechanischem Wege zu erklären sind. Ebenso müßten die Gesellschaften, wenn sie im Allgemeinen Aggregate, ähnlich den organischen wären, den allgemeinen Gesetzen der organischen Entwicklung folgen, ohne daß sie deshalb einfach durch die Biologie erkannt werden könnten. Dies ist jedoch alles nur konditionell und beispielsweise gesprochen, um zu zeigen, inwieweit die deduktive Methode in der Sociologie Platz hat und inwieweit nicht.

Eine wichtige Frage ist die der experimentellen Methode in der Sociologie. Diese wurde wiederholt und auch schon lange vor den Organikern gefordert. Der Ruf nach ihr ist also mit dem Ruf nach der „biologischen" Methode nicht identisch.

Die experimentelle Methode ist jedoch, wie Stuart Mill dartut[1]), schon deshalb für die Sociologie unanwendbar, weil die ursächliche Verbindung der socialen Phänomene eine zu komplicierte ist, um auch nur zwei annähernd gleiche Fälle zu finden oder herbeizuführen, aus deren Verlauf man einen allgemeinen Satz folgern könnte. Nehmen wir an, man wollte die Wirkung einer socialen Institution, z. B. die Wirkung des Zunftzwanges experimentell feststellen, indem man an verschiedenen Orten des Landes probeweise den Zunftzwang im Gewerbe einführt, an anderen nicht. Die Erfolge, die man nun nach einer gewissen Zeit beobachten würde und die Vergleiche mit dem Zustand der Gewerbe an den zunftfreien Orten, würden trotzdem kein genügendes Material für die Gewinnung eines allgemeinen Satzes geben. Die Erfolge werden sich eben nirgend als reine Wirkung der gemeinsamen Ursache, in diesem Falle des Zunftzwanges darstellen. Die Verhältnisse, von denen die Prosperität des

---

[1]) 6.—10. Kap. des VI. Buches der induktiven und deduktiven Logik.

Gewerbes beeinflußt wird, sind an den verschiedensten Orten — selbst in einem sonst ziemlich homogenen Staate — so grundverschieden (verschiedene klimatische und Bodenverhältnisse, nationale oder Stammesverschiedenheiten, selbst religiöse Verschiedenheiten u. dgl.), daß der Effekt einer bestimmten Maßregel vollständig verschluckt werden kann. Die allgemeine wirtschaftliche und sociale Lage des Gewerbes kann z. B. in einem Orte so ungünstig sein, daß dagegen ein Zunftgesetz, auch wenn es noch so segensreich wäre, nicht aufzukommen vermag, anderwärts können die Erwerbsbedingungen wieder so günstige sein, daß selbst die etwa schädigende Wirkung des Zunftzwanges die Prosperität nicht merkbar zu beeinflussen vermag.

Wenn ein Physiker unter Beobachtung gewisser Kautelen einen Versuch, z. B. eine barometrische Höhenmessung, an welchem Strich der Erde immer macht, so muß er immer ein schon im vorhinein genau zu bestimmendes Resultat haben. In einer bestimmten Höhe wird das Quecksilber in einem bestimmten Verhältnis fallen. Allerdings wirken auch hier auf das Resultat eine Reihe von Nebenumständen (die Verschiedenheit der Ausdehnungskoefficienten vom Quecksilber, dem Glas der Röhre, dem Holz des Behälters und dem Metall der Tabelle) mit. Aber der Physiker kennt auch diese störenden Nebeneinflüsse ziffernmäßig genau und kann sie als „Korrekturen" von dem Gesamtresultate in Abschlag bringen. Übrigens sind diese Nebeneinflüsse verschwindend klein im Vergleich zur Hauptsache, sodaß selbst, wenn man die „Korrektur" nicht vornimmt, das Resultat nicht wesentlich alteriert wird.

Bei den socialen Vorgängen ist das alles ganz anders. Die Zahl der konkurrierenden und opponierenden Begleiterscheinungen ist so groß und ihr Einfluß so mächtig und doch wieder so unmeßbar, daß unter diesem die vielleicht nur schwache Wirkung des Experimentes ganz verloren geht. Nehmen wir nur zwei Fälle an, in denen — was wohl kaum der Fall sein wird — ganz gleiche wirtschaftliche Bedingungen vorliegen, z. B. zwei Städte von ganz gleicher Größe, Einwohnerzahl, von derselben Produktivität, denselben Bedürfnissen, derselben socialökonomischen Organisation u. s. w. Die eine Stadt jedoch ist aus irgend einem Grunde, aus einem nationalen oder konfessionellen, in erbitterter Opposition gegen die Regierung und betrachtet jede Maßregel derselben mit Mißtrauen, ja mit Widerwillen, die andre sucht alles, was der Regierung genehm ist, zu fördern. Dieser Unterschied zwischen den beiden Städten kann also zur Wirkung haben, daß dieselbe Maßregel, z. B. die Einführung des

Zunftzwanges, unter sonst ganz gleichen Verhältnissen in A eine ganz andre Wirkung hat als in B, weil sie in B ihrer natürlichen Entwicklung überlassen, in A einfach zurückgestoßen wird. Wie aber soll der beobachtende Sociologe solche Korrekturen vornehmen, kontrollieren, ja überhaupt nur ahnen?

Es geht daraus hervor, daß die störende Einwirkung der konkurrierenden Nebenumstände im Verhältnis umso kleiner, unbedeutender würde, je größer, allgemeiner, umfassender die zu beobachtende Maßregel ist. Ein Experiment mit der socialistischen oder anarchistischen Gesellschaftsorganisation böte z. B. mehr Aussicht auf ein verläßliches Resultat, als ein Experiment mit der Einführung des Zunftzwanges im Gewerbe, obwohl hier immer noch das Mißliche bliebe, daß aus den Beobachtungen von ein oder zwei Fällen ein allgemeiner Satz gebildet werden soll. Aber gerade in diesem Ausmaße ist das sociale Experiment schlankweg unmöglich, da niemand den Willen oder die Macht hat, solche Experimente zu machen; und wenn er schon beides hätte, würde er sich erst recht fragen, ob ein ganzes Volk das corpus vile sei, an dem solche Versuche angestellt werden können.

Überhaupt vergessen die, so für die Sociologie die experimentelle Methode fordern, daß Politik und Sociologie nicht ein und dasselbe ist. In der Politik mag vielleicht das Experiment noch möglich sein, wobei man sich freilich hüten muß, das Wort „Experiment" im wissenschaftlichen Sinne zu nehmen. Der Sociologe hat aber meistens nicht die Macht zu irgend einem Experiment. Er kann nur die von anderen, aus ganz anderen als wissenschaftlichen Motiven gemachten Experimente beobachten und mit anderen Tatsachen seiner wissenschaftlichen Erfahrung vergleichen; d. h. für ihn wird das politische Experiment genau zu dem, was alle historischen Ereignisse und Tatsachen sind, vielleicht noch zu etwas weniger, weil das Feld der historischen Tatsachen heute bereits unübersehbar weit ist und eine reiche und kritische Auswahl der Fakten zuläßt, während die Beobachtung eines politischen Versuchs rein vom Zufall bestimmt wird, und weil die Schlußfolgerung aus dieser Beobachtung allzusehr von Stimmungen und Irrungen des Tages beeinflußt werden kann.

Es führt uns also gerade die Untersuchung der Frage, ob das Experiment für die Sociologie anwendbar sei, zu der Erkenntnis, daß die historische Betrachtungs- und Beobachtungsweise für unsere Wissenschaft allein angemessen und erfolgverheißend ist.

Und das ist eigentlich fast selbstverständlich. Die physikalischen Eigenschaften der Körper sind von keiner Zeit abhängig. Ein Liter Wasser von 4° C. wog vor fünftausend Jahren sogut wie heute 1 kg, und ein Körper verlor tausend Jahre vor Archimedes genau so wie zweitausend Jahre nach Archimedes im Wasser das Gewicht der Wassermasse, das er verdrängte. Um die physikalischen Gesetze zu erkennen, braucht man auf die Succession der Ereignisse meist keine Rücksicht zu nehmen. Der Gegenstand der Physik liegt jederzeit vor dem Beobachter in seiner Ganzheit ausgebreitet. Die Wissenschaften aber, welche einen sich entwickelnden, also in der Zeit sich verändernden Gegenstand haben, müssen auf die Succession fortwährend Bedacht nehmen. Ihr Gegenstand liegt nicht vor ihnen; das, was der Forscher lebend vor sich sieht, ist nur ein verschwindend kleiner Teil des Gegenstandes, den weitaus größeren Teil kennt er nur durch Überlieferung oder aus toten Überbleibseln. Er kann also zu Ergebnissen nur gelangen, indem er zurückblickend Entwicklungsreihen feststellt und aus dem Vergleich derselben allgemeine Sätze zieht. Auf einzelnen Gebieten der organischen Wissenschaften ist freilich das Experiment zur nachträglichen Verifikation nicht nur möglich, sondern spielt auch eine große Rolle. In der Tier- und Pflanzenphysiologie z. B. ist das Experiment neben der komparativen Methode von großer Bedeutung und jederzeit möglich, was wohl gewisse Forscher zu der Meinung verleitete, dasselbe müsse auch in der Sociologie der Fall sein. Allein in der Tier- und Pflanzenphysiologie steht der Gegenstand der Forschung tief unter dem Menschen, und der Mensch macht sich nicht das geringste Gewissen daraus, dem Wissen ein Tierleben zu opfern. Allerdings in neuester Zeit hat man auch schon gegen die Vivisektionen an Tieren geeifert. Was würde man da erst zu Experimenten am Menschen sagen. Die menschliche Physiologie, Psychophysik, Pädagogik u. s. w. ist daher im Experiment schon beschränkter und auf solche Versuche angewiesen, welche entweder dem Menschen nach keiner Richtung hin einen Schaden zufügen oder auch am toten Körper auszuführen sind; die meisten Entdeckungen der menschlichen Physiologie, Pathologie, Psychophysik u. s. w. sind jedoch nur durch Analogieschlüsse auf Grund von Experimenten mit Tieren gemacht worden, also streng genommen überhaupt nicht auf experimentellem Wege gewonnen.

Die socialen Gebilde vollends sind Wesen, die nicht unter, sondern hoch über dem einzelnen Menschen stehen, denen gegenüber also noch größere Rücksicht zu wahren ist als gegen einzelne Personen, abgesehen von den anderen bereits gründlich auseinandergesetzten Unmöglichkeiten eines Experimentes.

III.

Der entscheidende Punkt liegt in der Frage, ob es auch ohne Hülfe so überzeugender Beweismittel, wie Demonstration und Experiment, möglich sei, zu allgemeinen Sätzen zu gelangen, welche die Kraft und Gültigkeit von Gesetzen haben. Es gibt sehr viele und sehr angesehene Gelehrte, welche die Frage direkt verneinen und sich dabei auf das Argument stützen, daß die auf historischem Wege gewonnenen Gesetze nicht immer zutreffen, nichts Bindendes haben; „gibt es nun aber Ausnahmen von der konstatierten Regel, so sind die sogenannten socialen Gesetze keine Gesetze im strengen Sinne der Natur, d. h. sie gelten nicht immer überall, sondern sie sind und bleiben vortreffliche heuristische Behelfe, Erfahrungsregeln, empirische Verallgemeinerungen, im günstigsten Falle regulative Prinzipien.[1])

Nun, es ist gewiß wahr, daß ein Gesetz, welches nicht bindend, nicht immer gültig wäre, kein Gesetz wäre; aber es ist auch nicht der Fall, daß die sociologischen Gesetze diesen Schönheitsfehler besitzen müssen. Gibt es irgendwo Sätze, welche die Prätention erheben, sociale Gesetze zu sein und doch Ausnahmen zulassen, so sind sie eben falsch. Ein wirkliches Gesetz, wie das der Arbeitsteilung, das von einer socialen Wissenschaft, der Nationalökonomie, entdeckt und von einer Naturwissenschaft, der Biologie, übernommen wurde, hat in der Welt der lebenden Wesen genau dieselbe Geltung, wie das Gravitationsgesetz in der physischen Welt. Mit den „Regeln“ und heuristischen Behelfen, welche man den Geschichtswissenschaften koncedieren wollte, wäre nicht viel los. La porte doit être ouverte ou fermée. Eine Regel, die noch Ausnahmen zuläßt, ist eben weiter nichts als eine unfertige Verallgemeinerung. Ein jedes Gesetz ist empirisch gewonnen, und es muß daher einen Zeitpunkt geben, in welchem die Verallgemeinerung noch nicht vollständig gediehen ist. Auch Stein muß zugeben, daß das Vorhandensein einer Regel auf das Vorhandensein von Gesetzen hindeute. Der Unterschied zwischen beiden ist lediglich ein subjektiver, und eine Wissenschaft, welche diesen Unterschied vor sich als ewige Schranke aufbauen wollte, würde sich selbst und die Möglichkeit der Wissenschaft überhaupt negieren.

Gerade die Sprachwissenschaft ist ein schlagender Beweis für die Möglichkeit, zu Gesetzen zu kommen, ohne das Requisit der sogenannten exakten Wissenschaften. Die Sprachwissenschaft schließt jedes Experiment

[1]) Ludwig Stein, Wesen und Aufgabe der Sociologie. Berlin 1898 S. 12.

aus und ist lediglich auf die historische Methode angewiesen, auf die rein empirische Feststellung von Entwicklungsreihen und auf die Verallgemeinerung der hieraus abgeleiteten Sätze. Gleichwohl ist es der vergleichenden Sprachwissenschaft gelungen, Gesetze der Sprachentwicklung zu entdecken und über jeden Zweifel zu erheben. Das von den Gebrüdern Grimm entdeckte Lautverschiebungsgesetz ist kein bloßer Behelf, sondern ein Naturgesetz der Sprache. Aber auch andere Sätze, z. B. die drei allgemeinen Genusregeln im Lateinischen sind allgemein gültige Gesetze, die keine Ausnahmen kennen. Die sogenannten Ausnahmen, die angeblich die Regel bestätigen sollen und in der Philologie besonders häufig sind, beweisen garnichts gegen die Gesetzmäßigkeit der Sprache und zwar deshalb, weil sie gar keine Ausnahmen sind. Es gibt — wie bereits bemerkt — keine Ausnahmen von Gesetzen. Die vermeintliche Ausnahme rührt einfach daher, daß entweder ein Fall aus rein äußerlichen Gründen unter eine Kategorie eingereiht wird, in die er nicht gehört oder, daß in einer Form die Gesetzmäßigkeit verschleiert und nicht für den ersten Blick zu erkennen ist. Auf jeden Fall liegt die Schuld an der vermeintlichen Ausnahme nur an uns, die wir eben noch lange nicht alle Gesetze der sprachlichen Entwicklung, sondern erst einige, wenn auch sehr gewichtige, kennen. In den bisherigen Erfolgen liegt aber die Bürgschaft weiterer Fortschritte, und es ist wohl keine Utopie, wenn wir der Hoffnung Ausdruck geben, es würden eines Tages die Gesetze der Sprache so klar vor uns liegen, wie die der Optik oder Akustik.

Das Beispiel der vergleichenden Sprachforschung ist für die Sociologie doppelt bedeutungsvoll, einesteils, weil die methodischen Mittel bei beiden Wissenschaften fast die gleichen sind, anderenteils aber, weil die Sprache — wie wir im ersten Bande nachgewiesen haben — selbst eine sociale Erscheinung, ein Hauptfaktor des socialen Lebens ist. Die Sprachwissenschaft hat daher auch einen der Sociologie enge verwandten Gegenstand. Ein anderes Beispiel dieser Art ist die Volkswirtschaftslehre, die sich gleichfalls mit einem Teile des socialen Lebens, mit den wirtschaftlichen Erscheinungen befaßt. Die Nationalökonomie, eine Art Frühgeburt der Socialwissenschaft, hat durch leichtsinnige und spielerische Gesetzmacherei viel gesündigt und viel Verwirrung geschaffen. Aber sie hat doch auch wirkliche Gesetze, wie das bereits mehrfach erwähnte Gesetz von der Arbeitsteilung, entdeckt, welche heute Gemeingut des wissenschaftlichen Denkens geworden sind.

Wenn es aber auf einem oder dem andern Gebiete des socialen Lebens möglich war, die Gesetzmäßigkeit zu entdecken, warum sollte dies auf allen anderen Gebieten unmöglich sein? In einer Hinsicht freilich muß die Sociologie sehr viel Wasser in den Wein ihres Eifers gießen. Sie muß sich darüber klar sein, daß sie wenigstens heute noch nicht in der Lage ist, definitiv formulierte Gesetze aufzustellen. Jedes Gesetz ist eine Induction höchster Ordnung, die ihrer ganzen Entstehungsweise nach nur durch eine lange, immer wieder erneute Revisions- und Kontrolltätigkeit endgültig festgesetzt werden kann. Die „Entdeckung" von Gesetzen ist doch bloß eine Redensart, sofern man darunter versteht, daß Einem ein wissenschaftliches Gesetz gewissermaßen fertig angeflogen kommt. Wer sich mit Wissenschaftsgeschichte eingehender beschäftigt hat, weiß genau, daß jedes Gesetz seine Entwicklung durchgemacht hat, mitunter sogar eine sehr langwierige Entwicklung. Aber auch wenn ein Gesetz dem Weisen im Traume käme, würde dies gar keine Bedeutung haben, denn es müßte dann erst recht revidiert, kontrolliert und korrigiert werden. Die Sociologie darf also nicht die Eitelkeit besitzen, heute schon das letzte Wort sprechen zu wollen. Sie muß sich begnügen, nach dem Beispiele des Amerikaners Giddings[1]) zunächst „provisorisch formulierte" Gesetze aufzustellen. Das ist aber keineswegs gleichbedeutend mit dem Verzicht, überhaupt Gesetze zu finden. Ja ich kann mich nicht einmal dem Pessimismus Steins anschließen, der zwar die Möglichkeit socialer Gesetze für eine unbestimmte Zukunft nicht bestreitet, aber der Meinung ist, daß unsere Methoden dermalen zur Formulierung socialer Gesetze im Sinne von Naturgesetzen noch nicht berechtigen.

Auf die Frage der absoluten Gültigkeit empirisch gewonnener Gesetze überhaupt einzugehen, halte ich mich hier nicht veranlaßt, da erkenntnistheoretische und metaphysische Fragen außerhalb des Rahmens dieser Abhandlung liegen. Was vérités éternelles oder bloß vérités de fait sind, darüber werden die Philosophen voraussichtlich noch viel länger streiten, als die Wissenschaft Zeit hat, zu warten. Wir unseres Teiles wären überaus zufrieden, wenn es gelänge, in der Sociologie Gesetze zu finden von der Geltung des Lautverschiebungsgesetzes, obwohl dies doch nur eine elende vérité de fait ist.

Nach diesem kurzen Ausflug in das Gebiet der Methodik kehren wir zu unserm Gegenstande und zu unserer nächsten Aufgabe zurück, die in der Untersuchung der Frage besteht: „Was ist eine Gesellschaft?"

---

[1]) F. H. Giddings, Inductive Sociology. New York 1901.

Vierter Teil.

Was ist eine Gesellschaft?

Elftes Kapitel.

Socialer Idealismus und Naturalismus.

I.

Ehe wir daran gehen, zu untersuchen, was die Gesellschaft ist, wird es sich empfehlen, daß wir uns mit den bisherigen Meinungen über das Wesen der Gesellschaft kurz bekannt machen.

Es gibt keine ganz falschen Meinungen, wie es keine ganz richtigen gibt. Die Meinung unterscheidet sich von der Erkenntnis dadurch, daß sie dem Problem von einer bestimmten Seite nahezukommen trachtet und daher ein einseitiges Bild des Gegenstandes liefert. Die Meinung entspringt aus mangelhafter Beobachtung, und diese Mangelhaftigkeit kann entweder objektive Veranlassungen (Unzulänglichkeit genauer Beobachtung, Unmöglichkeit des Experimentes u. dgl.) oder subjektive Gründe (Unfähigkeit des Beobachtenden, Autosuggestion etc.) haben. Aber in jeder Meinung steckt gleichwohl, wenn auch in allerlei Verhüllungen, ein Stück von dem Realen des beobachteten Gegenstandes. Alle Meinungen haben einen annähernd gleichen Wert, da man die Größenunterschiede des Richtigen und Falschen in ihnen nie abwägen kann.

Die Wissenschaft bedient sich der Meinungen ebenso, um zur Erkenntnis zu gelangen, wie sie sich der eigenen Beobachtungen bedient. Für die Erkenntnis der gesellschaftlichen Vorgänge hat die Kenntnis der Meinungen aber einen ganz besonderen Wert. Eine Meinung über Wesen, Zweck, Form und Beruf der Gesellschaft, die von einem großen Teile der Gesellschaft geteilt wird, beruht entweder auf einer — wenn auch wie gesagt nicht ganz korrekten — objektiven Beobachtung oder auf einer subjektiven Disposition (Wunsch, Bedürfnis), welche umgekehrt die Voraussetzung wirklicher socialer Veränderungen werden kann; in dem einen Falle hat die Meinung retrospektiven Charakter, in dem anderm eskomptiert sie vielleicht erst die Zukunft, aber sie ist in keinem Falle bloß „aus der Luft gegriffen“ und als quantité négligeable zu behandeln. Wir werden uns mit diesem Gegenstande bald noch eingehender befassen müssen. Einstweilen genügt es, auf die Wichtigkeit der „bloßen Meinungen“ für die wissenschaftliche Erkenntnis hingewiesen zu haben.

Einigermaßen im Widerspruch mit dieser Ansicht werden wir uns scheinbar befinden, wenn wir uns nun statt mit den Volksmeinungen über die Gesellschaft mit den wichtigsten Definitionen befassen wollen, welche Forscher und Gelehrte von unserem Gegenstande gegeben haben. Allein die Meinung einer Zeit und eines Volkes kann notwendigerweise nur durch einzelne hervorragende Individualitäten des entsprechenden Kreises formuliert werden; diese Formel wird, wenn sie von einem wissenschaftlichen Geiste gefaßt wird, zwar eine wissenschaftliche Form annehmen, kann aber nichtsdestoweniger eine bloße Meinung bleiben, ohne sich zur Höhe einer objektiven Erkenntnis zu erheben. Davon wird man sich rasch überzeugen, wenn man die Definitionen, welche die hervorragendsten Socialforscher neuerer Zeit [1]) von der Gesellschaft gegeben haben, miteinander vergleicht; der augenfällige Umstand, daß ein jeder die Gesellschaft anders und zwar wesentlich anders definiert, rührt eben davon her, daß nur eine bestimmte Seite der socialen Erscheinungen, eine Funktion, eine Seinsform in Betracht gezogen wurde, und daß der betreffende Gelehrte auch seine Forschungen ausschließlich nach der einen Richtung hin getrieben hat. Es ist so wie wenn man sagen würde: „Ein Tempel ist ein Gebäude“, „ein Tempel ist ein Andachtsort“, „ein Tempel ist ein raumerfüllendes Ding“ u. s. w. Ein jeder Satz enthält einen Teil der Wahrheit und darum doch keiner die Wahrheit selbst. Darin liegt aber für uns gerade die Bedeutung dieser Definitionen. Wir wollen sie nach Kategorien ordnen.

Da haben wir vor allem jene Definitionen, welche sich ausschließlich mit der materiellen Struktur der Gesellschaft befassen. Nach Quételet ist die Gesellschaft „ein aus gleichartigen Elementen, die einheitlich ihre Funktion verrichten und von demselben Lebensprinzip beseelt sind, zusammengesetzter Körper. Derselbe entsteht, entwickelt sich, durchläuft

[1]) Bezüglich der älteren Anschauungen berufen wir uns, um nicht schon Gesagtes noch einmal zu wiederholen, auf die „Geschichtliche Einleitung“ zum ersten Bande dieses Werkes.

die verschiedenen Phasen, die sich bei allen organischen Wesen finden und zahlt wie diese dem Tode seinen Tribut". [1]) Von Aug. Comte besitzen wir zwar keine strikte Definition, aber er ordnete die socialen Gebilde den organischen bei. La societé est une organisme vivant. [2]) Der Definitionen abgeneigte Herbert Spencer eröffnet den induktiven Teil seines Hauptwerkes mit den Frage und Antwort bildenden Kapitelüberschriften: „Was ist eine Gesellschaft?" — „Die Gesellschaft ist ein Organismus!" Später [3]) schränkt er diese decidierte Erklärung dahin ein, daß es zwischen einem Staatskörper und einem lebendigen Körper keine weitere Analogie gäbe als diejenige, welche durch die wechselseitige Abhängigkeit der Körperteile, die bei beiden gleichermaßen zu beobachten ist, notwendig bedingt wird. „Die Gemeinsamkeit der Grund-Prinzipien ihrer Organisation ist das Einzige, was ihnen als gemeinsam zugesprochen wird." Die meisten sogenannten Organiker haben indes keine weitere formale Definition gegeben als „die Gesellschaft ist ein Organismus" oder haben, wofern sie sich doch zu einer bestimmten Formulierung ihrer Ansicht bewogen sahen, diese erste Formel als die selbstverständliche Grundlage vorausgesetzt und die socialen Gebilde nach anderen sekundären Gesichtspunkten erklärt.

Die der vorgenannten Auffassung nächststehende, aber in einem gewissen Sinne auch entgegengesetzte Formel ist die, welche auf den Elementen der socialen Gebilde aufgebaut ist. Gumplowicz [4]) sieht das sociale Element in der syngenetischen Menschengruppe und versteht unter socialen Erscheinungen Verhältnisse, die durch das Zusammenwirken solcher Menschengruppen und Gemeinschaften zustande kommen. Nach Bernes [5]) ist die Gesellschaft kein zufälliges Produkt einfacherer Faktoren, sondern eine ursprüngliche Tatsache, die bloß in ihrer Form und in dem Grade ihrer Vollkommenheit variiert u. s. w.

Die weitaus meisten Definitionen gründen sich auf den inneren Zusammenhang und betonen dementsprechend vorwiegend entweder den ökonomischen oder den psychologischen Charakter des Gesellschaft.

---

[1]) Naturgeschichte der Gesellschaft. Deutsche Ausgabe, Hamburg 1858; S. 143.

[2]) Frank Alengry, Essai historique et critique sur la Sociologie chez Auguste Comte. Paris 1900 p. 237.

[3]) Principien der Sociologie II. Bd. § 269.

[4]) Grundriß der Sociologie. Wien 1885. S. 71.

[5]) Programme d'un cours de Sociologie; Revue internationale de Sociologie. 1895/1896.

Letourneau[1]) sagt: „Das Wort „Gesellschaft“ bezeichnet für uns etwas anderes als eine bloße Iuxtaposition. Der Begriff der Gesellschaft schließt den des tätigen Zusammenwirkens ein; ein gesellschaftlicher Zustand besteht nur dort, wo Wesen, die mehr oder minder mit Empfindung, Willen und Intelligenz ausgestattet sind, zusammen einen gemeinsamen Zweck verfolgen.“ Nach Fouillée[2]) entsteht die Gesellschaft aus dem untrennbaren Zusammentreffen einer gemeinsamen Notwendigkeit und einer individuellen Übereinstimmung, die eigentlich mehr oder weniger schon in jener Notwendigkeit enthalten ist. Sacher[3]) versteht unter Gesellschaft „eine Gruppe von Menschen, welche durch Arbeitsteilung miteinander verbunden sind.“ Diese Erklärung ist mehr mechanisch. Verwandt, aber mehr von der physiologischen Seite her gefaßt ist die Definition Espinas;[4]) nach ihm wird eine Gesellschaft gebildet, wenn getrennt lebende Wesen zu derselben Handlung beständig zusammenwirken. „Diese Wesen können durch die Bedingungen ihres Zusammenwirkens dazu geführt sein, sich im Raume unter einer bestimmten Form anzuordnen, ohne daß jedoch diese Iuxtaposition die Übereinstimmung ihres Handelns und folglich auch die Bildung einer Gesellschaft bedingt. Die charakteristische Eigenschaft des gesellschaftlichen Lebens ist vielmehr ein gewohnheitsmäßiges Wechselverhältnis von Dienstleistungen zwischen mehr oder minder unabhängigen Tätigkeiten, und diese Eigenschaft wird weder durch Berührung noch durch Entfernung, weder durch offenbare Unordnung noch durch regelmäßige Lagerung der Teile im Raume wesentlich modificiert.“ René Worms[5]) erblickt in der Gesellschaft eine dauernde Vereinigung von lebenden Wesen, welche in vollständiger Gemeinschaft sich betätigen, kooperieren, unter den gleichen Gesetzen und denselben Führern leben und Sitten, Traditionen und Ideen gemeinsam haben, die wichtiger sind als jene, durch welche sie sich von fremden Gesellschaften unterscheiden und in welchen sie fremden Gesellschaften ähneln.

Rein psychologisch ist die Erklärung, welche G. Tarde[6]) von der „socialen Gruppe“ gibt; sie ist für ihn „eine Kollektion von Wesen, insofern diese das Bestreben haben, einander nachzuahmen, oder insofern sie,

---

[1]) Sociologie d'après l'éthnographie. Paris 1892. p. 450.

[2]) Le mouvement positiviste p. 242.

[3]) Gesellschaftskunde als Naturwissenschaft. (Dresden und Leipzig 1899). S. 7.

[4]) Die tierischen Gesellschaften: Deutsche Ausg. Braunschweig 1879. S. 148.

[5]) Organisme et société Paris 1896. p. 31 et 35.

[6]) Les lois de l'imitation. Paris 1895. p. 73.

ohne tatsächliche Nachahmung, sich doch einander ähneln und die ihnen gemeinsamen Züge alte Kopien ein und desselben Modelles sind.“ Ähnlich erklärt Giddings[1]) eine Gesellschaft für eine Anzahl geistesverwandter (like-minded) Individuen — socii — welche von dieser geistigen Verwandtschaft Kenntnis haben und darin eine Befriedigung finden und deshalb auch befähigt sind, zusammen zu gemeinsamen Zwecken zu arbeiten.

Wir haben hiermit nur die Meinungen einiger angesehener Sociologen gegeben; und doch welche Buntfärbigkeit des Bildes schon hier! Was würde man erst sagen, wenn wir auch noch die Ansichten all der Socialphilosophen und Socialpolitiker, die sich mit der gesellschaftlichen Sphinx herumgequält haben, anführen wollten und könnten. Davor wollen wir aber den Leser bewahren.

II.

Alle Meinungen und voneinander mehr oder minder abweichenden Anschauungen über das Wesen der Gesellschaft lassen sich leicht und zwanglos auf zwei Grund- und Hauptansichten zurückführen, die wir mit den alten gangbaren Namen einer „idealistischen“ und einer „naturalistischen“ bezeichnen wollen. Beide sind ziemlich gleich alt und ehrwürdig, beide sind ziemlich gleich gut oder gleich schlecht fundiert, und beide können gleich gewichtige Gewährsmänner für sich ins Treffen führen.

Nach der idealistischen Anschauung ist die Gesellschaft etwas mit Ziel und Absicht Gesetztes: sie ist entweder eines der vielen Mittel, um den Menschen seinem idealen Berufe (Plato), der Gottähnlichkeit und Seeligkeit (christliche Anschauung) zuzuführen, oder ein mit bestimmter Absicht geschlossenes Übereinkommen (älterer Rationalismus, Vertragstheorie), oder eine höchst planmäßige Organisation (jüngerer Rationalismus, Socialismus), welche dem Menschen gewisse präsociale oder doch ihm in seiner Eigenschaft als Menschen zugeschriebene Rechte wahren und sichern soll. In jedem Falle ist die Gesellschaft nach idealistischer Auffassung nicht nur ein Zweckwesen, sondern ein Wesen mit sittlichen Zwecken, also eine ethische Institution κατ’ ἐξοχήν, dazu da und mit Absicht gesetzt, um die Menschen besser zu machen, sie ihren höheren ethischen Aufgaben zuzuführen. Als die bloße Verwirklichung von Gedanken (menschlichen oder göttlichen) kann die Gesellschaft auch nach einem Gedankenschema geändert, gesetzt oder beseitigt werden. Die Ver-

---

[1]) The Elements of Sociology, New-York 1898. p. 5f.

tragstheoretiker und älteren Socialisten glaubten an die Möglichkeit der unmittelbaren programmäßigen Einrichtung eines Idealstaates, und die Anarchisten (seit Bakunin) halten hartnäckig an dem ernstkomischen Satze fest, der Staat sei einfach dadurch zu vernichten, daß man die Menschen von dessen Nichtigkeit überzeugt; beide setzen voraus, daß der Staat nichts weiter als ein Gedanke sei. Der wissenschaftliche Socialismus und Anarchismus (Marx und Proudhon) bedeutet zwar scheinbar eine mehr realistische Anschauung über die Gesellschaft; nach dem historischen Materialismus wären die ökonomischen Verhältnisse die einzige Triebkraft der socialen Entwicklung, die Gedanken aber bloß die subjektiven Reflexe dieser objektiven Vorgänge; hinter dieser materialistischen Selbsttäuschung tritt jedoch die Tatsache hervor, daß auch Marx und Proudhon in schöner Harmonie die ganze historische Entwicklung nur im Lichte ihrer von allem Anfang an schon feststehenden Absicht sehen, die heutige Organisation der Gesellschaft durch eine die Ideale der Freiheit, Gleichheit und Gerechtigkeit besser verwirklichende andere Organisation zu ersetzen. In dieser Beziehung ist zwischen Plato und Thomas von Aquino einerseits, den älteren und neueren Utopisten, sowie den Vätern des wissenschaftlichen Socialismus und Anarchismus andererseits absolut kein Unterschied.

Der Idealismus ist der allgemeinste Gedanke über die Gesellschaft; ebendeshalb ist er der umfangreichste und inhaltsloseste, d. h. er ist der irrealste, neben dem die Gesellschaft selbst jede Körperlichkeit verliert; er nimmt aber zugleich für sich die allgemeinste Gültigkeit in Anspruch. Für ihn gibt es nur eine Gesellschaft, die Gesellschaft. Diese muß sich ohne Rücksicht auf äußere objektive Verhältnisse nach dem kategorischen Fingerweis des ethischen Bewußtseins verändern. Der Gedanke der Entwicklung ist mit der idealistischen Gesellschaftsauffassung — auch wenn er scheinbar von den Anhängern dieser Auffassung acceptiert wird — unvereinbar; wenn die Gesellschaft die Verwirklichung einer Idee ist, kann die eine Idee nur durch eine andere Idee mit allen Konsequenzen der Ausschließlichkeit und Allgemeinheit, die der Idee anhaften, ersetzt werden (Katastrophen- und Kataklysmen-Theorie). Der Idealist kennt keine schrittweise und teilweise Reform und verachtet sie als nutzloses Flick- und Stückwerk. Er begnügt sich auch nicht, sein Ideal an einem Orte zu verwirklichen, an einer bestimmten Gesellschaft; für ihn gibt es nur eine Gesellschaft und bei der ethischen Grundlage seiner Anschauung darf er in bezug auf den Raum ebensowenig wie in bezug auf die Zeit mit sich handeln lassen. Wie die Grundsätze der Ethik für die ganze

Menschheit gültig sein sollen, so ergreift die idealistische Socialreform auch immer die ganze Welt; sie ist immer revolutionär, immer welterobernd und immer weltverbessernd (Plato, Christentum, Socialismus).

Die idealistische Anschauung entspringt aus der Denk- und Gefühlsweise des Volkes. Sie war immer die Anschauung der großen und vor allem der bedrückten und beherrschten Massen und solcher Männer, deren Denken im Volke wurzelte, deren Fühlen mit den Leiden und Schmerzen der unteren Klassen eng verknüpft war; sie entspringt der symbolistischen Denkweise, welche uns in der Geschichte in der doppelten Form der theologischen und der philosophischen Bildung entgegentritt. Sie war und ist ihrem Wesen nach immer pessimistisch in Bezug auf die Gegenwart, die ihr durchaus verderbt und ungerecht erscheint und ebenso optimistisch im Hinblick auf die erträumte Zukunft, die ein Reich der Gerechtigkeit und Güte sein wird.

Mit der religiösen Denkweise hat die idealistische Gesellschaftsauffassung auch das gemein, daß sie nicht nur an das Ende, sondern auch an den Anfang der socialen Entwicklung einen äußerst seligen, glücklichen Zustand (goldenes Zeitalter, Paradies, der glückliche Naturzustand Rousseaus, der vermeintliche Uranarchismus und Urkommunismus der Anarchisten und Socialisten) stellt, sodaß die verderbte Gegenwart nur wie ein Durchgangsstadium, wie eine durch die eigene Schlechtigkeit der Menschen (Sündenfall) verschuldete Prüfungszeit zwischen einem und dem anderen goldenen Zeitalter der socialen Gerechtigkeit erscheint. Auch diese Eigentümlichkeit schließt den Gedanken einer wirklichen Entwicklung aus, denn die ganze Reihe hat nur drei Punkte, den vollkommenen Urzustand, die schlechte Gegenwart und die vollkommene Zukunft, über die hinaus es eine Entwicklung überhaupt nicht geben kann. Man sieht, die ganze Gedankenreihe ist so recht demselben Boden entsprossen, wie die religiöse Denkweise; sie ist Messianismus, bestimmt zum Troste der Armen, die höchste Irrealität für die höchste Realität haltend, teleologisch, dogmatisch und katholizistisch, alles Gegebene als schlecht mißachtend, alles Vergangene und alles Angestrebte mit paradiesischen Farben erfüllend, Menschen für Götter und Götter für Menschen haltend. So urteilt der natürliche Verstand des Menschen in allen Fragen, großen und kleinen, persönlichen und objektiven, so urteilt er besonders in politischen und socialen Fragen. Das Volk ist immer in der Politik der Träger der großen Ideale gewesen, und wenn Marx und Engels das Proletariat den Erben der klassischen deutschen Philosophie nannten, so klingt das nur paradox, ohne es zu sein, weil diese Philosophie, besonders die Fichtes, Hegels und Feuerbachs, nur der geläutertste Ausdruck der aus der Volksseele emporgestiegenen symbolischen Weltanschauung war.

Der idealistischen Anschauung steht die naturalistische gegenüber, insofern diese in den socialen Gebilden nicht bloß eine Abstraktion oder eine jedenfalls für sich wesenlose Relation, sondern wirkliche, natürliche Dinge erblickt, wie es alle anderen lebenden Erscheinungen sind. Die Naturalisten sind selbstverständlich ebensowenig wie die Idealisten darüber einig, wie sie sich im besonderen die Gesellschaft vorzustellen haben: Den Einen, besonders den Älteren, schwebte mehr das Bild einer mechanischen Aggregation, einer physikalischen Erscheinung vor, die jüngere Socialforschung hat unter dem Einflusse der modernen Entwicklungstheorie, auf die schon von Aristoteles vertretene Anschauung zurückgegriffen, daß die socialen Wesen Gebilde nach Art der Organismen seien. Die sogenannten Organiker teilen sich wieder in verschiedene Gruppen; je nachdem sie in den socialen Wesen bloß Gebilde nach Analogie der organischen Wesen, oder geradezu Organismen oder „supraorganische" Gebilde erblicken. Nach der supraorganischen Auffassung (der Name wurde zuerst von Spencer angewendet) haben die Gesellschaften alle Eigentümlichkeiten der Organismen, aber ein Supra-Organismus ist ein Organismus höherer Potenz (Un supra-organisme est un organisme avec quelque chose de plus [1]). Der Supra-Organiker anerkennt, daß es Verschiedenheiten zwischen einem socialen und einem biologischen Wesen gibt, aber diese Verschiedenheiten beruhen nur in den Elementen, nicht in der Art der Zusammenfassung und Anordnung dieser Elemente: das sociale Element, das Individuum, ist eben schon ein biologisches Gebilde allerhöchster Art. Die Anschauung, daß die Gesellschaften bloß Gebilde „nach Analogie der Organismen" seien, ist eigentlich von der supraorganischen Anschauung wenig verschieden, sie ist nur weniger präzis gefaßt und hat mehr die Verschiedenheit als die Ähnlichkeiten zwischen den biologischen und den socialen Vorgängen im Auge.

In jedem Falle stimmen alle Naturalisten darin überein, daß das sociale Leben sich nicht vollständig aus dem individuellen Leben erklären läßt, und daß die socialen Gebilde, wenn auch nicht unabhängig von den sie bildenden Individuen, doch ein Leben für sich führen. Wie alle Erscheinungen des Lebens sind sie den allgemeinen in der übrigen Natur

[1]) R. Worms, Organisme et société. pag. 394.

wirkenden Kräften und Gesetzen unterworfen, unter deren Einfluß sie werden, sich entwickeln und vergehen. Jeder teleologische Gedanke ist der naturalistischen Anschauung fremd: die Gesellschaft verdankt, wie schon Aristoteles erklärt, ihren Ursprung der Notwendigkeit und den natürlichen Bedürfnissen, nicht aber moralischen Absichten oder gar einem außerhalb der natürlichen Grenzen wirkenden Willen. [1])

Daß diese Anschauung wenig geeignet ist, volkstümliche Meinung zu werden, liegt auf der Hand; sie hat ihren Ursprung nicht im Wunsche und im subjektivistischen Denken, sondern in der objektiven Beobachtung; sie hat daher zu allen Zeiten die wissenschaftliche Überzeugung einzelner großer Denker gebildet (Aristoteles, Macchiavelli, Spinoza, Montesquieu) und hat seit der Epoche des Positivismus und des Evolutionismus in den wissenschaftlichen Kreisen auch breitere Basis gewonnen, die Anschauung der Massen, Gemeingut des menschlichen Geistes zu werden, hat sie jedoch nach den bisherigen Aspekten wenig Aussicht.

[1]) Γενομένη μὲν τοῦ ζῆν ἕνεκα, οὖσα δὲ τοῦ εὖ ζῆν. Aristoteles.

Zwölftes Kapitel.

Die objektive Existenz der socialen Gebilde.

I.

Der Gegensatz zwischen den beiden Anschauungen hat seine Voraussetzungen weit außerhalb der Grenzen der Sociologie; es ist der Gegensatz zweier Weltanschauungen, deren Streit die Geschichte des geistigen Fortschrittes aller Zeiten erfüllt; es ist der ewige Widerstreit, der auf dem Grunde eines jeden Problems lauert und an den Fundamenten der exaktesten Wissenschaft nicht weniger als an denen der reinen Geisteswissenschaft nagt. Was soll ihm gegenüber die Sociologie tun? Wie ehedem auf spekulativ metaphysischer Basis (gleichgültig ob auf idealistischer oder materialistischer) ihr Gebäude errichten, oder die Feststellung ihrer Grundlagen für immer vertagen? Wir halten weder das eine noch das andere für geraten und notwendig. Die Sociologie muß nicht den Anspruch erheben, eine Universalwissenschaft zu sein, welche den Urgrund alles Seins zu erhellen hat. Sie darf — wie schon einmal erwähnt — für sich dieselbe Wohltat in Anspruch nehmen, wie jede andere Wissenschaft, daß sie nämlich ihr Objekt — die socialen Gebilde — als gegeben annimmt; dann wird sie zu einem Resultate kommen, wie andere Wissenschaften dazu gekommen sind; auf einem anderen Wege dagegen nicht. Die Psychologie z. B. war solange ein Irrgarten phantastischer Wuchergewächse, als sie es sich in den Kopf gesetzt hatte, in erster Linie die Frage zu lösen, ob das Psychische oder das Physische am Menschen das

Wesentliche oder Primäre sei; erst als sie mit Beiseitestellung dieser außerhalb ihres Bereiches gelegenen Frage ihr Objekt als eine psychophysische Einheit einfach als gegeben angenommen hatte und an die Beobachtung desselben schritt, gelangte sie zu ernsten und nennenswerten Erfolgen. Mit der Sprachwissenschaft war es nicht anders. Die Sociologie darf denselben Weg einschlagen; sie nimmt ihr Objekt einfach als gegeben an und hat es empirisch auf seine etwa nachweisbaren körperlichen und geistigen Lebenserscheinungen zu untersuchen.

Die naturalistische Anschauung hat sich, wie schon erwähnt, im wesentlichen zu einer organischen Auffassung herausgebildet. Ehe wir jedoch dieser Frage näher treten, gilt es, zunächst die allgemeinere Vorfrage zu entscheiden, ob die Gesellschaft ein Ding sei für sich, ausgestattet mit jener Realität, wie sie anderen Dingen der Erfahrung (einem anorganischen Körper oder einem Organismus) zukommt.

Deshalb, weil etwas aus einzelnen, mehr oder minder selbständigen Individuen zusammengesetzt ist, braucht es noch nicht aufzuhören, ein Ding für sich zu sein, und umgekehrt, die Zusammensetzung allein macht noch nicht das Einheitsding aus. Die organischen und anorganischen Substanzen, denen niemand empirische Realität absprechen wird, sind höchst komplexer Natur, und die sie bildenden Elemente weisen die verchiedensten Grade von Individualität auf; es gibt aber auch bloße Juxtapositionen realer Gegenstände wie z. B. eine Staubwolke, ein loser Steinhaufen, oder bloße Sammelbegriffe ohne eigenen dinglichen Charakter. Die Komplexität macht das Wesen der Dinglichkeit allein nicht aus, schließt diese aber auch nicht aus. Noch weniger kommen wir mit Worten wie Konkret oder Diskret unserem Ziele, zu wissen, worin die Körperlichkeit bestehe, näher. Die letztere Unterscheidung beruht auf Voraussetzungen, die wissenschaftlich gar nicht zu halten sind. Es ist bekanntlich eine Eigentümlichkeit aller Körper, daß zwischen den einzelnen Massenteilchen Zwischenräume bestehen. Wie klein müssen nun diese Zwischenräume zwischen den Teilchen sein, damit von einem konkreten Zusammenhang die Rede sein könne, oder wie groß müssen diese Zwischenräume sein, wenn man nur noch von einer diskreten Einheit sprechen darf? Wo ist da die Grenze? Ist ein Haufen Mehl körperlicher als ein Haufen Erbsen, weil im ersten Falle die Teilchen offenbar enger bei einander liegen als im zweiten? Ist ein Stück Kork oder Badschwamm weniger Körper als ein Stück Stahl oder Elfenbein? Wie kommt es, daß ein Bienenstock, trotz der vollkommenen physischen Freiheit seiner Bestandteile (Bienen) und trotzdem diese Bestandteile zeitweise in meilenweiter Entfernung voneinander leben, doch eine so feste Einheit darstellt, daß man darüber streitet, ob der Bienenstock nicht eine biologische (statt einer sociologischen) Erscheinung darstelle? Dadurch also, ob die Teile eng oder minder eng aneinander hängen, kann die Frage nicht entschieden werden, ob etwas ein „Ding" sei oder nicht. Ein Zusammenhang ist wohl notwendig, aber die Nähe des Zusammenhanges entscheidet ebensowenig etwas als die Festigkeit des Zusammenhanges (Aggregatszustand) entscheidet. Wir können endlich auch die von Herbert Spencer gegebene Erklärung nicht akzeptieren, nach welcher „es die Dauer der Beziehungen zwischen den einzelnen Bestandteilen sei, welche die Individualität eines Ganzen im Unterschied von den Individualitäten seiner Teile ausmacht" [1]). Dauer ist ein wissenschaftlich ebensowenig haltbarer Begriff, wie Nähe oder Entfernung der Bestandteile; wo fängt die Dauer an und wo hört sie auf? bei einer Stunde, oder einem Tag oder einem Jahr? Ist ein Sandhaufen ein bloßer Sammelbegriff, wenn er nur eine Stunde liegt, und wird er etwa ein Ding, etwas Reales, wenn er einen Tag, eine Woche oder gar ein Jahr an einem Ort liegt? Ganz gewiß nicht.

Kurzum, das Dingliche liegt nicht in dem räumlichen oder zeitlichen Maß, des Zusammenhanges, sondern in dem Zusammenhange selbst. Spencer hat auf ein falsches Wort den Ton verlegt [2]), das Entscheidende ist nicht die Dauer der Beziehungen, sondern, daß überhaupt Beziehungen vorhanden sind, die über die allgemeinen, zwischen allen Körpern im Weltraum herrschenden Beziehungen (z. B. Massenanziehung) hinausgehen. Diese Beziehungen sind funktioneller Natur. Bei den anorganischen Körpern haben die Bestandteile (Molekule, Atome) eine gewisse Anordnung, die sich in bestimmten physikalischen und chemischen Eigenschaften äußern. Diese Besonderheit der Beziehung bewirkt z. B. bei den Krystallen ein ganz besonderes mechanisches, elektrisches, thermisches oder optisches Verhalten, je nach der Richtung bestimmter Axen u. s. w. Bei den organischen Körpern liegt das funktionelle Verhältnis ihrer Elemente offener

---

[1]) Prinzipien der Sociologie. II. Bd. § 212.

[2]) Spencer zieht auch gleich aus seiner Prämisse einen falschen sociologischen Schluß, indem er auch die Idee der Gesellschaft in die „Dauer" verlegt und infolge dessen den Namen der Gesellschaft „jenen fortwährend sich verändernden Haufen, wie sie bei primitiven Menschen sich bilden", versagt und ihn erst da anwendet, wo eine gewisse Beständigkeit in der Verteilung der Elemente durch seßhaftes Leben entstanden ist". Wie irrtümlich das alles ist, geht aus dem Inhalte unseres ersten Bandes hervor.

zu Tage, und es bedarf an dieser Stelle nicht erst eines Beweises, daß es nicht die Komplexität allein, nicht die Enge des Zusammenhanges und noch weniger die Dauer der Beziehungen zwischen den biologischen Elementen, sondern der funktionelle Charakter der Beziehungen ist, was den organischen Verband ausmacht. Aber auch bei jenen Körpern, die auf künstlichem, mechanischem Wege entstanden sind, herrschen außer den selbstverständlichen Beziehungen des Stoffes, aus dem der Gegenstand erzeugt ist, funktionelle Beziehungen zwischen den einzelnen Teilen, da ja der Gegenstand gerade mit Rücksicht auf diese planmäßig erzeugt ist. Ein Haus ist kein bloßer Begriff, sondern ein wirkliches Ding für sich, und niemand wird leugnen, daß es die bestimmten funktionellen Beziehungen, die zwischen den einzelnen Teilen herrschen, zum Einheitsdinge machen; wenn man die funktionellen Beziehungen, die zwischen einem Gewölbe und den dazu gehörigen Pfeilern bestehen, stört, hört das Haus auf zu sein, d. h. es stürzt ein.

Es ist also kurz gesagt die Gemeinsamkeit der Funktion, welche aus einer Vielheit von Körpern eine Einheit, ein neues Ding für sich macht. Deshalb wird es niemandem einfallen, eine bloße Juxtaposition, wie es ein Steinhaufen ist, ein Einzelding zu nennen, oder einem Bienenstock, dessen Mitglieder sogar ein gemeinsames Organ (die Wabe) haben, die Realität abzusprechen und ihn zu einem bloßen Begriff, zu einem Sammelbegriff zu degradieren.

Die neue Einheit führt ein Leben für sich oder zeigt doch — wofern es sich nicht um Lebewesen handelt — ein Verhalten, das in einem gewissen Sinne unabhängig von dem Verhalten seiner Elemente ist. Ein Stück Gold kann die verschiedensten Formen annehmen, ohne daß die Atome andere und alteriert würden. Nur ihre räumliche Anordnung wird verschoben; der Gesamtkörper ändert sich also, die Elemente bleiben unverändert. Wenn man Wasserstoff mit Sauerstoff vereinigt, entsteht ein neuer Körper, in dem beide Elemente ungeschwächt und unverändert fortbestehen, der aber ganz neue und ganz andere Eigenschaften zeigt, als die ihn bildenden Elemente besessen haben. Bei den organischen Verbänden ist dies noch auffälliger. Aus einfachen Zellen baut sich die Welt der Pflanzen und Tiere auf mit ihrem wunderbaren Reichtum von Formen, mit den an den Elementen nicht zu beobachtenden Erscheinungen des psychischen Lebens, mit den gewaltigen und die Welt erschütternden Phänomenen der menschlichen Natur. Mit einem Worte, die reale Existenz bekundet sich dadurch, daß das Leben und die Eigenschaften der körperlichen Einheit nicht durch das Leben und die Eigenschaften der die Einheit bildenden Elemente erschöpft werden.

Fragen wir uns nach diesen Erwägungen, ob den socialen Gebilden eine empirische Realität, die Eigenschaften eines Dinges zukommen, so muß die Antwort unbedingt bejahend ausfallen. Die socialen Gebilde entstehen aus der Vereinigung von Tieren oder Menschen, die in gewisse funktionelle Beziehungen treten, die wir im ersten Bande eingehend geschildert haben. Sei es nun die Funktion der Fortpflanzung oder Verteidigung, seien es andere von diesen primären Funktionen abgeleitete Funktionen (wirtschaftlicher, religiöser, politischer, intellektueller, künstlerischer Natur), wo immer und in welcher Form wir Gesellschaften treffen, ist die Gemeinsamkeit der Funktion (oder Funktionen) dasjenige, was sie zusammenhält. Niemand wird zehn Menschen, die man willkürlich nebeneinanderstellt, eine Gesellschaft nennen, wohl aber ist eine Familie, auch wenn sie nur aus drei Personen besteht, eine wirkliche und volle Gesellschaft. Auch die primitive Horde ist, wie wir gezeigt haben, keine bloße Juxtaposition von zufällig zusammengewürfelten Menschen, sondern beruht, wie jedes andere sociale Gebilde, auf der Kooporation, nur daß diese Kooporation primitiv und garnicht organisiert ist. Die herrschaftlich organisierten Gesellschaften, die Staaten, welche durch mehrere einander eigentlich feindliche und ausschließende Gruppen, (Rassen, Klassen, Parteien) gebildet werden, bestehen eben nur dadurch, daß — wie ebenfalls bewiesen wurde — doch auch zwischen diesen Gruppen ein funktionelles Band besteht, Kooperation herrscht. Ja in solchen Fällen findet sogar meist nicht eine Kooperation von Individuum zu Individuum, sondern von Gruppe zu Gruppe statt. Je größer die Zahl der gemeinsamen Funktionen, je inniger die Kooporation wird, desto mehr schreitet der Akt der Socialisation vor, desto mehr erstarkt und wächst das sociale Gebilde.

Die Tatsache, daß ein funktioneller Verband zwischen den einzelnen, allerdings sehr selbständigen und frei sich bewegenden Gliedern einer Gesellschaft besteht, begründet die empirische Realität der Gesellschaften nach der einen Seite hin. Nun wird man aber sagen: Ja, dies besagt aber doch nur, daß die Gesellschaft eine Tatsache ist, was eben niemand bestreitet. Nun kann aber auch ein Verhältnis eine Tatsache sein, und die Gesellschaften sind in der Tat nichts anderes als Verhältnisse. Lester Ward, unstreitig einer der genialsten Sociologen der Gegenwart, sagt von der Gesellschaft: „It is a relation among individuals. Now, a relation is not a concrete object".[1]) Diese Ansicht teilen viele Gelehrte und mehr noch die Ungelehrten. Allein die Gesellschaft ist kein bloßes Verhältnis, sie besteht auch nicht in den Beziehungen der Individuen zueinander, sie entsteht vielmehr aus diesen Beziehungen. Es wird doch niemand behaupten wollen, die Gesellschaft bestehe in der Arbeit, der Verteidigung, dem sexuellen Akt. Viel richtiger, wenigstens dem natürlichen Sprachgebrauch nach, wäre es zu sagen, die Gesellschaft entstehe aus der Arbeit, der Verteidigung, den sexuellen Beziehungen. Das ist aber doch etwas anderes. Mit demselben Rechte, mit dem man die socialen Gebilde bloß als „Verhältnisse", — denen konkrete Existenz abgeht — bezeichnet, könnte man auch die Organismen und die zusammengesetzten anorganischen Substanzen bloß Verhältnisse nennen, und so käme man schließlich dazu, daß nur noch die Atome und Zellen real sind, ein Standpunkt, auf den sich sehr wohl die Philosophie, aber nicht eine empirische Wissenschaft, welche die Sociologie sein soll, begeben darf.

Außer dieser negativen Beweisführung gibt es aber auch positive Tatsachen, welche für die Körperlichkeit der socialen Gebilde sprechen. Daß diese trotz ihrer Komplexität und trotz der großen Selbständigkeit der sie bildenden Elemente dennoch Einheiten höherer Ordnung sind, deren Wesen nicht durch das Wesen ihrer Elemente erschöpft ist, zeigt das gesetzmäßige Eigenleben, das sie führen und das wir im ersten Bande eingehend geschildert haben. Gesellschaften werden und vergehen, bestehen und entwickeln sich in Kreisen, die über den Kreisen des individuellen Lebens liegen.

In siebenzig bis achtzig Jahren wird von all denen, die heute eine bestimmte Gesellschaft bilden, kaum eine Person mehr leben, die Gesellschaft wird aus ganz anderen Elementen gebildet sein, und dennoch wird sie als solche vielleicht unverändert fortbestehen. Der individuelle Tod führt nicht das Ende des socialen Gebildes herbei. Es sterben fortwährend Individuen und neue werden nachgeboren, ohne daß sich deshalb irgend etwas an der Gesellschaft ändern müßte. Ja, der Tod kann plötzlich und mit einem Schlage die überwiegende Mehrheit der Mitglieder einer Gesellschaft, z. B. eines Dorfes, einer Stadt dahinraffen, wie es die Pest in früheren Jahrhunderten so oft getan hat, und die Gesellschaft besteht unverändert weiter.

---

[1]) Contemporary Sociology." (Reprinted from „The American Journal of Sociology" Vol. VII. 1902. p. 492).

Auch die sociale Entwicklung muß ihrer Richtung nach durchaus nicht mit der Richtung der individuellen Entwicklung zusammenfallen. Man kann nicht einmal sagen, daß der Grad des kulturellen Fortschrittes der Mehrheit der Individuen einer Gesellschaft, einen Fortschritt der socialen Entwicklung zur Folge haben muß. Wir haben vielmehr gezeigt[1]), daß gerade die fortschreitende Kultur den Grund socialen Verfalles bilden könne. Ja Coste hat es sogar als Gesetz aufgestellt[2]), daß die größte geistige Entwicklung eines Volkes nicht mit dem Höhepunkte der socialen Entwicklung zusammenfalle. Wo immer wir das sociale Leben betrachten, werden wir finden, daß zwar das individuelle und das sociale Leben eng und unlösbar miteinander verknüpft sind, aber wir werden auch ehrlicherweise zugeben müssen, daß die Kreise des einen und des anderen Lebens sich nirgends decken, nie kongruent sind, und daß das sociale Leben nicht durch das individuelle Leben erschöpft wird.

Auf einem Gebiete ist dies schon lange erkannt worden. Die Nationalökonomie hat die Gemeinwirtschaft eines bestimmten socialen Kreises zur Voraussetzung, und sie hat sich diesen Kreis immer als einen für sich arbeitenden Körper (Wirtschaftskörper) und nicht als einen bloßen Verhältnisbegriff gedacht. Aus der bloßen Addition von so und sovielen Einzelwirtschaften entsteht eben keine Volkswirtschaft. Die Einzelwirtschaften müssen in funktionelle Beziehungen zueinander treten, die wieder durch Gesetze geregelt werden. Diese Gesetze, wie das von Angebot und Nachfrage, das Gesetz der Arbeitsteilung u. s. w. sind auf das Einzelleben gar nicht zu applizieren und haben einen Sinn überhaupt nur gegenüber einem wirtschaftenden Gemeinkörper, einem „Gemeinwesen“. Ja, es gibt Formen des wirtschaftlichen Lebens, die eine, den entsprechenden Formen der Einzelwirtschaft geradezu entgegengesetzte Bedeutung haben, z. B. das Sparen, Schulden u. s. w. Wir wollen die Verschiedenheit zwischen der individuellen und der Gemeinwirtschaft an einem lehrreichen Beispiel zeigen. Bei den Privatwirtschaften richtet sich unter normalen Verhältnissen die Konsumtion nach dem Einkommen, oder die Höhe des Einkommens bildet Maß und Grenze für Bedarf und Verbrauch. Bei den öffentlichen Wirtschaften, besonders bei der Staatswirtschaft, gilt eher die umgekehrte Regel, daß sich nämlich die Einnahme nach dem Verbrauch richten muß. Ein anderer Unterschied besteht darin, daß das

---

[1]) Die Gesellschaft. I. Band. S. 190f.

[2]) A. Coste, Les principes d'une sociologie objective. Paris 1899, p. 13.

in der Privatwirtschaft geltende und durchaus legitime Streben nach dem größten Gewinn in der Gemeinwirtschaft fehlen kann und unter Umständen faktisch fehlt. „Dieser Hauptunterschied“ — sagt Kaizl[1]) — „geht aus der verschiedenen Dauer der Existenzen hervor. Der Staat kann investieren und arbeiten auf eine unabsehbar lange Amortisationszeit, in welcher das Interesse eines Privatunternehmers längst erkaltet wäre und sich verloren hätte.“

Man wird vielleicht den Einwand machen: ja, wenn die Volkswirtschaft ein Beweis für die dingliche Einheitsexistenz eines socialen Kreises sein soll, was war denn damals, als es eine Volkswirtschaft nicht gab? Besteht die Gesellschaft also erst, seit es eine Volkswirtschaft gibt? Demgegenüber ist aufmerksam zu machen, daß das Wort Volkswirtschaft eine doppelte Bedeutung hat, die allgemeinere einer socialen Wirtschaft überhaupt und die engere, welche als wirtschaftendes Subjekt ein Volk, also einen gewissen socialen Kreis (die Bevölkerung eines Staates, eine Nation) voraussetzt. Im letzteren Sinne kann selbstverständlich erst auf einer gewissen socialen Entwicklungsstufe von Volkswirtschaft die Rede sein. Wo sich das sociale Leben auf den Stamm, die Dorfgemeinde, die Familie oder die Horde beschränkt, gab es eben — wie wir im ersten Bande ausführlich dargetan — eine Stammes-, Dorf-, Haus- oder Hordenwirtschaft. Dieselbe wird vielleicht nicht so rationell betrieben, und man wird ihr vielleicht deshalb den Titel Wirtschaft, insofern er den prägnanten Sinn einer „rationellen Wirtschaft“ besitzt, nicht geben, aber die sociale Arbeit war zu allen Zeiten da, in der Horde wie im modernen Staate, ja die Intensität der socialen Arbeit war in der Horde vielleicht noch größer wie später und der Anteil der individuellen Arbeit meist kaum zu bestimmen.

Es gibt endlich Aufgaben, die überhaupt nie durch individuelle, sondern immer nur durch gemeinschaftliche, gesellschaftliche Arbeit gelöst werden können. Nicht erst in der Zeit des modernen Großbetriebes und der entwickelten Industrie, die ihr Werk nur durch ein ausgebildetes System der Arbeitsteilung bewältigt, sondern zu allen Zeiten und wie gesagt auch unter den primitivsten Verhältnissen, ja unter diesen mehr als sonst begegnen wir der Gemeinschaftsarbeit: bei Werken, die ein großes gleichzeitiges Kraftgebot (Heben und Befördern von Lasten) oder eine außerordentliche Beschleunigung der Arbeit (um den Nachteil des Verzugs

---

[1]) „Finanzwissenschaft“ Deutsche Ausgabe. Wien 1900. I. Bd. S. 21 ff.

zu vermeiden z. B. bei der Ernte, beim Aufwerfen eines Dammes gegen Wasser u. s. w.) erfordern, oder überhaupt so ausgedehnt sind (wie z. B. der Bergbau), daß sie nie anders als durch ein Massenaufgebot von Arbeitern bewältigt werden können.

Die Annahme, daß die (physiologische) Gemeinschaftsarbeit gleichfalls eine Art Einheitsarbeit und ihr Resultat nicht bloß die Summe der der Zahl der Arbeiter entsprechenden Einzelarbeiten ist, scheint wohl begründet zu sein, wenn auch eine wissenschaftliche Darstellung dieses Gegenstandes — so nötig sie wäre — dermalen noch nicht möglich ist. Schon Proudhon warf die Frage auf: „Zweihundert Grenadiere haben in einigen Stunden den Obelisken von Luxor aufgerichtet; glaubt jemand, daß ein einziger Mensch in zweihundert Tagen das gleiche getan hätte?" Dieselbe Ansicht sprach schon zu Beginn des XIX. Jahrhunderts Th. Sadler aus: „Die gemeinschaftliche Arbeit — sagt er — ergibt Resultate, welche die individuelle Arbeit niemals hervorzubringen vermag. In dem Maße daher, wie die Menschheit der Zahl nach sich vermehrt, werden die Produkte der vereinigten Arbeit bei weitem die Summe übertreffen, welche sich aus einer einfachen Addition der Menschenzahl — Vermehrung ergibt. In den mechanischen Industrien, wie auf wissenschaftlichem Gebiete kann jeder einzelne heute in einem Tage mehr leisten, als ein isoliertes Individuum während seines ganzen Lebens. Das mathematische Axiom, daß das Ganze der Summe der Teile gleich ist, ist falsch in Anwendung auf unseren Gegenstand. In Bezug auf die Arbeit kann man sagen, daß das Produkt der gemeinschaftlichen Anstrengung bei weitem alles übertrifft, was isolierte Bemühungen der einzelnen je zu produzieren vermögen.[1]) Auch Bücher[2]) ist der Ansicht, daß eine Vielheit von Arbeitern mehr

[1]) The Law of population. London 1830.

[2]) Arbeit und Rhythmus. Leipzig 1899. S. 372. Auch was Bücher sonst über die Erleichterung der Gemeinschaftsarbeit durch die rhythmische Ausführung derselben unter Gesangsbegleitung sagt, ist für uns sehr interessant. Der Rhythmus erleichtert nach Bücher die Arbeit nicht nur subjektiv, weil er sie automatisch gestaltet, sondern in der Gemeinschaftsarbeit auch eine Steigerung der Produktivität der einzelnen Leistungen nach sich zieht, indem er die Kraftausgabe und die Ruhepausen für jeden gleichmäßig erhält. „Der einzelne läßt die Hände sinken oder verlangsamt doch das Tempo der Bewegungen, wenn er müde wird. Die gemeinsame Arbeit regt zum Wetteifer an; keiner will an Kraft und Ausdauer hinter dem andern zurückstehen, und überdies tönt der laute Pulsschlag der Arbeit in die Ohren der Nachbarn, deren Spott bei zu häufiger Unterbrechung oder zu lässigem Gange der Schläge nicht zu säumen pflegt. Noch deutlicher tritt dieser Zwang für den schwächeren Arbeiter, es dem stärkeren gleichzutun, in solchen Fällen hervor, wo die Arbeiter reihenweise gruppiert

leistet, als das gleich Vielfache der Arbeit eines einzigen; ja, sie leistet in kurzer Zeit, was der einzelne nie vermöchte, auch wenn er jahrzehntelang sich abmühte. Die Erklärung der meisten dieser scheinbaren Rätsel liegt in dem Energiegewinn, von welchem noch gehandelt werden soll. Ein solcher Energiegewinn liegt auch bei der organischen, also auch bei der menschlich individuellen Arbeit vor, d. h. das Arbeitsprodukt kann mehr Energie enthalten, als für dessen Gewinnung von Seite des arbeitenden Subjektes verbraucht wurde. Allein in viel größerem Maße noch findet sich dieser Energiegewinn bei der socialen Arbeit. Dieses aber beweist, daß hier ein arbeitendes Subjekt existieren muß und nicht bloß eine Summe von Einzelarbeitern, daß eine Integration der Arbeiter stattgefunden haben muß, weil sonst eine Integration der Arbeitskräfte ganz unverständlich und unmöglich wäre.

Wer aber auch nach diesen Argumenten noch einen Zweifel über das Eigenleben der Gesellschaften hegen würde, den müßten die Tatsachen der sogenannten Massenpsychologie vollends überführen. Wer nur immer im politischen Leben sich umgesehen hat, eine Volksversammlung oder gar einen Volksauflauf zu beobachten Gelegenheit hatte, wer sich im Zuschauerraum eines Theaters etwas genauer umsieht, oder wer gar Zeuge einer Panik gewesen ist, kurz wer immer sich die Mühe genommen hat, die Bewegungen einer durch gewisse sociale Bande verknüpften Masse zu beobachten, der weiß ganz gut, daß diese Bewegungen sich nach ganz eigenen Antrieben und Formen vollziehen und daß der Mensch, wenn er in der Masse steht, nicht mehr seinen eigenen individuellen Antrieben sondern den Gesetzen der Masse folgt. Die meisten dieser Handlungen vollziehen sich sogar im Unterbewußtsein, so daß das Individuum vielfach gar nicht weiß, was es tut oder tat, ja es tut oft das

---

auftreten und das Fortschreiten der Arbeit des einen von der Tätigkeit des andern abhängig ist. In einer Reihe von Mähern, welche auf der Wiese stehen, muß jeder einzelne gleichmäßig seine Schwade bewältigen, wenn er seinen Nachmann nicht aufhalten oder fürchten will, von dessen Sense getroffen zu werden. In einer Kette von Handlangern, welche einander die Ziegelsteine für einen Bau zureichen oder werfen, muß jeder folgende gleich rasch abnehmen, wenn er nicht die ganze Arbeit ins Stocken bringen und fürchten will, daß die Steine des Nachbarn, die er mit den Händen auffangen soll, seine Schienenbeine treffen oder beim Werfen in die Höhe die untenstehenden verletzen. Dieses gegenseitige Anpassen ruft somit auch bei Arbeiten, welche sich lautlos vollziehen, einen gleichmäßigen Rhythmus in den Bewegungen hervor und wird damit zu einem disziplinierenden Element von der allergrößten Bedeutung, insbesondere für unqualifizierte Tätigkeiten, wie sie auf primitiven Stufen der Wirtschaft überwiegen."

gerade Gegenteil von dem, was es in Befolgung seiner persönlichen Überzeugungen oder Neigungen für sich allein getan hätte. Der Zusammenhang der tierischen mit den menschlichen Gesellschaften wird von diesem Beobachtungspunkt aus erst recht klar. Eine erregte, von socialen Instinkten beherrschte Menschenmenge stellt in ihren Bewegungen genau dieselbe Einheit dar wie ein schwärmender Bienenstock, und es ist noch keinem von den vielen Forschern, die sich eindringlich mit dem Studium dieser socialen Tierchen beschäftigt haben, eingefallen, einen Bienenstock, „den Bien", als einen bloßen Verhältnisbegriff zu bezeichnen.

Die große Schwierigkeit, sich die Gesellschaft als ein Einheitswesen zu denken, ist wohl vorwiegend eine rein subjektive. Der Mensch vermag sich nach seiner Neigung, in Analogien zu denken, ein Einheitswesen, von dem er selbst ein Teil ist, nicht gut anders als ein bewußtes, selbstbewußtes Wesen vorzustellen. Die Einheit eines jedenfalls den Menschen noch überragenden Wesens kann er sich nur als persönlich denken, und da er nun naturgemäß von diesem über ihm stehenden „Bewußtsein" nichts auszusagen weiß, sucht er entweder diese Einheit zu leugnen oder er gibt der Gesellschaft ein Bewußtsein, ja sogar ein eigenes „sociales Hirn". Diese Bemühung, die sich viele Organiker gemacht haben, ist aber ganz überflüssig. Das erwähnte Bedürfnis, sich die Einheitsexistenz der Gesellschaft als eine bewußte und persönliche zu denken, ist ein rein philosophisches und kann auch noch in ganz anderer Weise als durch die Annahme eines „socialen Zentralorgans" befriedigt werden, so z. B. mit Ratzenhofer durch die Annahme, daß Bewußtsein überhaupt nur die höchste Erscheinungsmodalität der Energie ist. Es könnte auch ein andrer leugnen, daß die aus einem Analogieschluß gefolgerte Forderung überhaupt berechtigt sei. In jedem Falle aber handelt es sich hier um einen jener Punkte, wo eine weitere Verfolgung der Probleme unbedingt ins Transcendente führt und auch verführt. Die Sociologie muß aber auch ohne solche letzte Lösung auskommen und sich mit dem empirisch Nachweisbaren begnügen. Als eine Erfahrungstatsache muß es aber hingestellt werden, daß die socialen Gebilde eine von dem Willen, den Absichten und dem Denken ihrer Individuen teilweise unabhängige, ja diesen sehr oft zuwiderlaufende Einheitstätigkeit aufweisen. Eine solche Einheitstätigkeit hat aber ein selbständiges Einheitswesen zur Voraussetzung, und nach dem allgemeinen Sprachgebrauch und der hergebrachten Vorstellungsweise nennt man ein solches Einheitswesen Ding, ob wir es nun als Ganzes übersehen können oder nicht.

II.

„Nun aber“ — fragt Spencer[1]) — „wenn wir eine Gesellschaft als ein Ding betrachten dürfen, zu welcher Art von Dingen müssen wir sie rechnen? Sie scheint vollkommen unähnlich jedem sonstigen Objekt, mit dem unsere Sinne uns bekannt machen. Die Ähnlichkeit, welche sie möglicherweise mit anderen Dingen haben mag, kann also jedenfalls nicht der unmittelbaren Wahrnehmung zugänglich sein, sondern nur durch Schlüsse erkannt werden. Wenn die konstanten Beziehungen zwischen ihren Teilen sie zu einem Wesen stempeln, so ergibt sich die Frage, ob diese konstanten Beziehungen zwischen ihren Teilen irgendwie verwandt seien der konstanten Beziehung zwischen den Teilen anderer Wesen. Die einzig denkbare Ähnlichkeit zwischen einer Gesellschaft und einem beliebigen anderen Dinge muß also beruhen auf dem Parallelismus des Prinzips in der Anordnung ihrer Bestandteile. Es gibt nun zwei große Klassen von Aggregaten, mit denen das sociale Aggregat verglichen werden kann: unorganische und organische. Sind die Eigenschaften einer Gesellschaft irgendwie gleich oder ähnlich denen eines nicht lebenden Körpers oder gleichen sie irgendwie denen eines lebenden Körpers oder aber unterscheiden sie sich völlig von beiden?“

Spencer verneint die erste Frage kurzerhand, während er die zweite auf Grund eines eingehenden Beweises bejaht und zu dem Schlusse gelangt, daß die Gesellschaft ein Organismus sei.

Diese Anschauungen haben die Sociologie unseres ganzen Jahrhunderts beherrscht; ein großer Teil der französischen und deutschen Sociologen hat an der Spencerschen Anschauung und in allem Wesentlichen auch an seiner Beweisführung für den organischen Charakter der Gesellschaft festgehalten und auf dieser Grundlage — meist viel einseitiger als Spencer — weitergebaut. Man hat verschwenderische Mühe aufgewandt, um den Parallelismus zwischen den organischen (biologischen) und den sociologischen Bildungen, Vorgängen und Funktionen zu beweisen, und man glaubte tatsächlich den biologischen Prozeß Zug für Zug in dem socialen Prozeß wiedergefunden zu haben.)[2]) — Man begnügte sich nicht, wie Spencer, mit dem Nachweis, daß die socialen Gebilde mit den organischen das Wachstum gemein haben, daß die Entwicklung beider durch eine fortschreitende Differenzierung der Struktur wie der Funktionen bedingt

[1]) Prinzipien, II. Band § 213.

[2]) René Worms, Organisme et société. Paris 1896. — Paul v. Lilienfeld, Zur Verteidigung der organischen Methode in der Sociologie. Berlin 1898.

sei, daß sich in beiden durch die Arbeitsteilung eine wechselseitige Unterstützung, aber dadurch auch wieder eine wechselseitige Abhängigkeit der Teile voneinander herausbilde, die aber zu der Einheit des Lebens führt u. s. w. Man ging viel weiter: Man nahm nicht bloß einen Parallelismus sondern eine Identität der Anordnung der socialen und biologischen Elemente an, man sprach von socialen Zellen, Interzellularsubstanzen, von einem socialen Knochengerüste, Nervensystem, von socialen Geweben nnd Organen, konstruierte eine sociale Anatomie und Physiologie und gelangte von hier aus natürlich zu einer Pathologie und Therapie und Hygiene der Gesellschaften u. s. w. ohne Grazie.

Es ist nach unserer Meinung nicht notwendig, sich auf eine ernste Widerlegung solcher geistigen Auswüchse einzulassen; wer einigermaßen mit der Entwicklungsgeschichte der Wissenschaften vertraut ist, wird hier leicht die Diagnose fällen können, um auch einmal in dem angeschlagenen Jargon zu sprechen. Alle Wissenschaften, besonders aber die nicht rein deskriptiven, suchten zunächst ihrem Gegenstande unter einer Analogie mit schon Bekanntem nahe zu kommen, ehe sie die Begriffe rein und für sich entwickelten (man denke nur an die Psychologie). Die übertriebene Analogienspielerei der organischen Sociologie beweist eben nur, daß sich unsere Wissenschaft noch auf einer tiefen Stufe befindet und daß sie noch nicht in der Lage ist, ihren Gegenstand für sich und durch sich zu erkennen. Mit Vergleichen macht man keine Wissenschaft und am allerwenigsten mit Vergleichen, die so oberflächlich und willkürlich sind, wie die der Organiker. Man sehe nur, wie ein jeder Anhänger dieser Methode in jedem Gegenstande ein anderes biologisches Vorbild wiedererkennt. Was wird nicht alles als „sociale Zelle“ bezeichnet: für Spencer und Lilienfeld ist das Individuum, für Worms das sexuelle Paar, für Schäffle und Comte die Familie, für wieder andere der Clan die „Zelle“ u. s. w. Worms erblickt in den Beamten, Lilienfeld in den einfachen socialen Verbänden, De Greef in den Niederlassungen, Straßen und Bauten die — „socialen Gewebe“, Lilienfeld, überhaupt ein phantasiereicher Kopf, weiß sogar, was die „Akademien der Wissenschaften“ sind; sie sind die Ohren und Augen der socialen Körper. Das ist wohl kaum mehr durch den blühenden Blödsinn der schwunghaft in Analogien machenden Mystiker früherer Jahrhunderte zu übertreffen.

Soweit ein Parallelismus zwischen socialen und organischen Gebilden ernstlich behauptet werden kann, beschränkt er sich darauf, daß beide aus organischen Elementen zusammengesetzt sind, die für sich selbständige

Lebewesen sind und daß, da ja beide nicht nur diese materielle Verwandtschaft haben, sondern auch denselben Naturkräften und Gesetzen unterworfen sind, ein gewisser Parallelismus der Lebenserscheinungen unleugbar ist. Mehr will und kann ja auch alles das, was Spencer für seine Ansicht in Anspruch nimmt, nicht bedeuten. Daß sich aber der organische und der sociale Lebensprozeß in ähnlichen Grundzügen abspielt, beweist noch lange nicht, daß Organismus und Societät identische Begriffe sein müssen. Es sind eben unleugbare Ähnlichkeiten ja Gleichheiten da, vor allem die, daß das sociale Element selbst ein Organismus ist.

Aber eben darin liegt auch der Unterschied zwischen organischem und socialem Leben, der zunächst ein gradueller ist: der sociale Prozeß muß um soviel komplexer sein als der organische, wie das sociale Element komplexer ist als das organische. Die Zelle ist eine einfache Masse, in welcher alle Kräfte sozusagen wie an einer Billardkugel rein zur Wirkung kommen; der menschliche Organismus besteht nicht nur aus Millionen solcher Körperchen, die unendlich mannigfach differenziert sind, in ihnen ist es auch zu einer Teilung der Funktionen gekommen, die bei der Zelle nicht besteht; der Mensch denkt, er will, er kennt Freude und Schmerz und, ob nun der Wille der Vater des Gedankens ist oder umgekehrt, ob nun dieser Wille determiniert ist oder nicht, jedenfalls können diese geistigen Faktoren mehr oder minder bestimmend auf den Gang des Entwicklungsprozesses einwirken und ihn wenn auch nicht im Wesen, so doch in der Form verändern. Das Element des organischen Verbands ist eben ein rein materielles, das sociale Element ist aber eine Person und daher kommt es, daß die in der socialen wie in der organischen Welt nach gleichen Gesetzen wirkenden Kräfte in beiden verschiedene Erscheinungen hervorrufen, in verschiedenen Formen sich äußern können. Wir werden später, wenn wir die Gesetzmäßigkeit des socialen Entwicklungsprozesses eingehender verfolgen werden, zu dem Resultat gelangen, daß dieser Prozeß entgegen der landläufigen Annahme der Organiker keineswegs ein einfacher Abklatsch des organischen Entwicklungsprozesses ist. Allerdings werden wir sehen, daß die Grundzüge dieselben sind, daß aber im Detail der Prozeß in den socialen Gebilden sich ganz anders, ja sogar oft in entgegengesetzter Richtung abspielt, wie bei der organischen Entwicklung.

Hier wollen wir nun einige auffällige Unterschiede zwischen gesellschaftlichen und biologischen Gebilden erwähnen: Das Gesetz der Arbeitsteilung gehört zu dem unbestrittensten Bestand der socialen wie der

Naturwissenschaft; es wurde von den Nationalökonomen entdeckt und von den Biologen herübergenommen. Es bedeutet in beiden Fällen dieselbe Sache, die Anpassung verschiedener Teile eines Ganzen an verschiedene Funktionen. Während aber in der organischen Welt die einzelnen Zellen infolge der fortgesetzten Arbeitsteilung durchaus ihre Selbständigkeit verlieren, indem sie sich ausschließlich einer bestimmten Funktion anpassen, verliert in den socialen Gebilden das Individuum mit der fortschreitenden Arbeitsteilung seine Persönlichkeit und Selbständigkeit nicht nur nicht, dieselbe wird im Gegenteile größer und reicher, weil die sociale Arbeitsteilung nicht die einseitige Anpassung, sondern auch einen möglichst vielseitigen Fortschritt voraussetzt. Die Arbeitsteilung bewirkt also, daß in der organischen Entwicklung das Element immer mehr von seiner Selbständigkeit und Lebensfreiheit verliert und das Kollektivband immer fester wird, je höher in der Entwicklungsreihe das betreffende organische Wesen steht, während in der socialen Entwicklung genau das Gegenteil eintritt: das Kollektivband, das auf den primitiven Stufen dem organischen Bande nicht viel an Festigkeit nachgibt, wird immer lockerer, dehnbarer, geistiger, während das sociale Element immer selbständiger, freier wird. Der moderne Mensch kann leicht ein sociales Verhältnis lösen und ein anderes eingehen; der Naturmensch dagegen läßt sich nicht so leicht aus einer Gesellschaft in die andere verpflanzen, und die Ausschließung aus seiner Gesellschaft ist für ihn meist gleichbedeutend mit Tod.[1]) Umgekehrt in der organischen Welt. Wenn man einen Wurm zerreißt und zerschneidet, so leben die losgetrennten Teile einzeln weiter, als wären sie nie vereint gewesen. Trennt man jedoch von einem Wirbeltiere eine Partie los, z. B. einen Fuß, so sterben die Zellen dieses Teiles bald ab, ja durch die Lostrennung eines lebenswichtigen Teiles (z. B. eines Hauptorganes) kann sogar der Tod des ganzen Wesens eintreten.

Aber noch in einem anderen wesentlichen Belang wirkt gerade die Arbeitsteilung unterscheidend zwischen Organismus und Gesellschaft, in Bezug auf die Reproduktion. In dem höheren tierischen Organismus kann eine Muskel- oder Nervenzelle infolge der fortgeschrittenen Spezialisation immer wieder nur eine ihr ähnlich spezialisierte Zelle, also eine Muskel- oder Nervenzelle hervorbringen, was eine der Hauptursachen des verhältnismäßig raschen Alterns, Erkrankens und Absterbens der höheren organischen Gebilde ist; bei den socialen Gebilden und zwar bei den ent-

[1]) Siehe I. Band S. 64.

wickeltsten nicht minder als bei den primitiven führt die mit der Arbeitsteilung verbundene Spezialisierung, wie schon erwähnt, nie zu einer solchen Immobilisierung der Individuen und, wenn auch die Vererbung gewisser socialer Anlagen, Neigungen und Fähigkeiten unleugbar ist, so findet doch eine Beschränkung der Reproduktion durch die Anpassung an eine bestimmte Funktion keinesfalls statt: die Kinder friedlicher Bauern werden große Feldherren, die Kinder wilder Landsknechte hinwiederum Priester, der Sohn eines einfachen Handwerkers wird Staatsmann und der des Staatsmannes ein Krämer u. s. w.[1]) Auch hierin liegt ein Grund der ungleich höheren Mannigfaltigkeit des socialen Lebens gegenüber dem organischen, sowie auch der scheinbar unendlichen Kontinuität des socialen Lebens. Diese Kontinuität ist freilich nur eine scheinbare, es sterben auch die socialen Gebilde, und die ruhige Evolution wird von Zeit zu Zeit durch Revolutionen unterbrochen, die auf funktionelle Störungen zurückgehen, ähnlich jenen, welche die Immobilisierung der Zellen im organischen Körper veranlaßt. Jedenfalls leben aber die socialen Gebilde ungleich länger als die organischen und die sociale Reproduktion — wenn man schon von einer solchen sprechen kann — geht in einer Weise vor sich, die weit eher an Zeugungsvorgänge der niedrigsten organischen Entwicklungsstufen (Zellteilung, Knospung u. s. w.) als an die geschlechtliche Zeugung der höheren, unter dem Einfluß fortgesetzter Arbeitsteilung entwickelten Organismen erinnert.

Man sieht also, und man könnte sich durch eine weitere Verfolgung des hier eingeschlagenen Weges noch weiter überzeugen, daß der Unterschied ein durchgreifender ist, und daß es ein für die Wissenschaft sehr verhängnisvoller Irrtum war und ist, wenn man die Tatsachen und Erkenntnisse der Biologie ganz einfach auf die socialen Gebilde applizieren wollte und leichtfertig und leichtgläubig die Gleichung „Gesellschaft = Organismus" proklamierte.

Der von Spencer angezogene Unterschied, daß die einzelnen Teile eines Organismus ein konkretes Ganze, die Teile einer Gesellschaft eine diskrete Einheit darstellen, hat in diesem Falle deshalb große Bedeutung, weil bei dem Aufhören des konkreten Zusammenhanges zwischen den Elementen jeder Chemismus ausgeschlossen ist. Und gerade dadurch, daß die socialen Vorgänge durchaus keine chemischen sind, unterscheiden sie sich wesentlich von allen organischen Vorgängen.

[1]) Coste A. Les principes d'une Sociologie objective. Paris 1899 p. 45f.

Auch Lilienfeld[1]) muß zugeben, daß es Unterschiede zwischen Organismen und Societäten gibt: „Im einzelnen Organismus ist die bereits differenzierte Zelle wohl fester an bestimmte Gewebe und Organe gebunden, als die Person im Staate. Eine Zelle kann nicht aus dem Knochengerüste in das Muskelgewebe oder in das Nervensystem hinüberwandeln, ihre Differenzierung ist eine einseitige, definitiv abgeschlossene. Die einen Staat bildenden Personen sind meist Wanderzellen."

Schließlich müssen die eifrigsten Vertreter der organischen Gesellschaftsauffassung selbst zugeben, daß man nie eine vollkommene Kongruenz zwischen dem socialen und dem organischen Verband nachweisen könne[2]) und daß zwischen beiden immer ein Rest übrig bleibe;[3]) und so kehren denn die meisten zu dem Ausdruck zurück, den schon Spencer nach einem längeren Umweg über die streng „organische" Anschauung erfunden hat, und bezeichnen die socialen Gebilde als „supra-organische" Gebilde.[4]) Supra-organisch ist aber nicht organisch — quod erat demonstrandum.

Alles was wir über das objektive Sein der gesellschaftlichen Gebilde aussagen können ist also, daß die Gesellschaften eine dingliche Existenz wie die anorganischen und organischen Wesen führen. Insofern die eine Gesellschaft bildenden Einzelwesen untereinander in funktionellen Beziehungen stehen, können wir die socialen Gebilde nach einem alten, schon lange vor der wissenschaftlichen Begründung der Biologie bestandenen Sprachgebrauch „organische Wesen" nennen, ohne jedoch damit sagen zu wollen, daß sie wirklich Organismen seien. Aber der nichtssagende und nur irreführende Ausdruck „supra-organisch" sollte ganz vermieden werden. Wenn damit ausgedrückt werden soll, daß es sich um Wesen handelt, die ebenso aus der Integration höchst vollendeter Organismen entstanden sind, wie diese aus tieferstehenden Organismen, so bedarf es keines neuen Wortes; das bezeichnende Wort dafür ist eben „social", welches auf der Stufenleiter der Erscheinungsformen (mechanisch-organisch-social) eben die höchste Staffel bezeichnet.

[1]) a. a. O. S. 13.
[2]) Worms a. a. O. S. 79.
[3]) ebendas. S. 393 f.
[4]) Spencer, Prinzipien. Worms a. a. O. S. 394.

Dreizehntes Kapitel.

Die Association.

I.

Wir haben im vorgehenden Kapitel gewissermaßen den Ort festzustellen gesucht, den die socialen Gebilde in der objektiven Welt einnehmen. Es handelt sich aber auch darum zu wissen, was die Gesellschaften in sich sind oder an sich, wenn man dem Wort keinen metaphysischen Beigeschmack geben will. Zu sagen, wie es wohl auch schon geschehen ist, die Gesellschaften seien Association, heißt nicht einfach ein deutsches Wort durch ein fremdes erklären wollen. Association, Vergesellung drückt etwas anderes aus als Gesellschaft, es bedeutet nicht einfach den Zustand, der ja auch ein unbeweglicher, todstarrer sein könnte, es sagt vielmehr, daß die Gesellschaft etwas stets sich Erneuendes, stets sich neu Setzendes, kurz etwas Lebensvolles ist.

Was also ist Association, und wie vollzieht sie sich? Von allen Möglichkeiten die Gesellschaften genetisch zu erklären, ist diese noch am wenigsten gesucht worden, vermutlich weil sie die nächstliegende ist. Man hat sie als Werk Gottes oder der Menschen, als die Niederschlagsform der materiellen Bedürfnisse und als die stufenweise Explikation der Idee oder der Vernunft erklärt, nur darauf, die Gesellschaft als das Werk eines Geselligkeitstriebes aufzufassen, hat man sich nie ernstlich verlegt, und erst in allerletzter Zeit haben sich einzelne Sociologen (Giddings, Ward) dieser nächstliegenden von allen Auffassungen zugeneigt. Ja es gibt sogar Sociologen, welche die Frage, ob der Mensch von Natur ein geselliges Wesen sei, ernstlich in Frage stellen. Diese Frage ist also zunächst zu untersuchen und auf rein empirischem Wege zu beantworten.

Man könnte dies vielleicht einfach tun, indem man den Spieß umdreht, und den Gegnern der Anschauung von der natürlichen Geselligkeit des Menschen die Last des Beweises aufbürdete. In der Tat ist die Gegenfrage: „Wo ist denn der unsociale, der isolierte Mensch?“ nur mit einem entschiedenen Nirgend zu beantworten. Gerade denjenigen, welche die Körperlichkeit der Gesellschaft leugnen, wird es sehr leicht, sich das eine Welt für sich bildende Individuum losgelöst von jedem Zusammenhang mit anderen Individuen zu denken. Und doch ist dies bei näherem Zusehen eine pure Unmöglichkeit. So wie die Gesellschaft nicht unabhängig von den sie bildenden Individuen gedacht werden kann, so ist auch das Individuum nicht anders als rein dem Begriffe nach aus der Gesellschaft loszulösen. Ein isoliertes, absolut unsociales Individuum gibt es in aller Erfahrung — auch in urgeschichtlicher und entwicklungsgeschichtlicher — nicht. Der Mensch hat nun einmal nicht die Gesellschaft geschaffen, sondern er ist in der Gesellschaft Mensch geworden. Er tritt in der Natur gleich gewissen Tieren nie anders als in Gesellschaft auf, er ist ein Herdentier, und der absolut gesellschaftslose Mensch, der „Einzige“, ist ganz genau so eine philosophische Fiktion, wie es auf der andern Seite die ihre Mitglieder souverän verschluckende Gesellschaft ist.

„Jedermann wird zugeben,“ sagt Darwin,[1]) „daß der Mensch ein geselliges Geschöpf ist. Wir sehen dies in seiner Abneigung gegen Einsamkeit und in seinem Verlangen nach Gesellschaft außer derjenigen seiner Familie. Einzelhaft ist eine der schwersten Strafen, die verhängt werden können. Nach der Analogie der Mehrheit der Vierhänder zu urteilen, ist es wahrscheinlich, daß die affenartigen Vorfahren des Menschen ebenfalls gesellig waren. Doch dies ist für uns nicht von großer Wichtigkeit. Obgleich der Mensch, wie er heut existiert, wenig spezielle Instinkte hat, da er die, welche seine Vorfahren besessen haben dürften, verloren haben mag, so ist das noch kein Grund, weshalb er nicht aus einer äußerst fernliegenden Periode einen gewissen Grad instinktiver Liebe und Sympathie für seine Genossen zurückbehalten haben sollte. Wir alle sind uns tatsächlich bewußt, solche Gefühle der Sympathie zu besitzen, aber unser Bewußtsein lehrt uns nicht, ob sie instinktiv seien, vor langer Zeit in derselben Weise wie bei den niedrigeren Tieren entstanden, oder ob sie jeder von uns in seiner frühen Lebenszeit erworben hat. Da der Mensch ein geselliges Tier ist, so ist es beinahe gewiß, daß er die Neigung, seinen

[1]) Descent of man, vol. I. c. 4.

Genossen treu zu sein und dem Führer seines Stammes zu gehorchen, ererbt hat, denn diese Eigenschaften sind den meisten geselligen Tieren gemeinsam."

Wenn sich Darwin bezüglich der socialen Triebe so reserviert ausdrückt, so mag dies seinen Grund darin haben, daß dem großen Naturforscher die sociale Urgeschichte der Menschheit noch so gut wie garnicht bekannt war. Das sociale Leben der civilisierten und selbst der barbarischen Völker macht freilich wenig den Eindruck, als ob es von Instinkten bestimmt wäre. Das Triebleben ist hier ganz vom Zweckbewußtsein von der Tendenz überwuchert. Je mehr wir jedoch zurück zum Naturmenschen schreiten, desto deutlicher treten die triebmäßigen Grundlagen dieses Gesellschaftlebens hervor, desto inniger stellt sich die Einheit der socialen Instinkte der Tier- und Menschenwelt heraus. Wenn jene recht hätten, welche meinen, daß der Mensch nicht von Natur aus sociabel war, sondern es erst durch die Gesellschaft wurde, so müßten die socialen Triebe, je weiter wir die socialgeschichtliche Stufenleiter herabsteigen, desto schwächer werden. Das ganze Gegenteil ist aber der Fall. Bei den Naturvölkern hängen die gesellschaftlichen Gruppen — wie schon oftmals bemerkt — viel fester, viel körperlicher zusammen, vollzieht sich das ganze sociale Leben rein triebmäßig, spielt das Zweckbewußtsein, die Überzeugung von der Nützlichkeit der Gesellschaft eine sehr untergeordnete, meist kaum erkennbare Rolle. Jede Verletzung des einen Teiles der Gesellschaft wird von den übrigen Mitgliedern als unmittelbarer Schmerz empfunden und löst eine momentane Vergeltung aus; die einzige sichtbare Differenzierung der Gruppe, die Führerschaft, entsteht ganz spontan und instinktiv; weder dem Zwang noch der Vernunft folgend, unterordnen sich alle Mitglieder. Die Verteidigung, die Nahrungsuche vollzieht sich genau in der Form wie bei den höheren socialen Tieren, auf Grund eines von allen instinktiv erkannten stillschweigend angenommenen Beschlusses.

Allerdings zweierlei darf man in der Urgesellschaft der Menschen ebensowenig suchen wie in den tierischen Gesellschaften: Sentimentalität und eine Ausdehnung der primitiven Sympathiegefühle über die eigene meist sehr enge Gruppe hinaus. Der Feuerländer verschachert, ohne mit der Wimper zu zucken, sein Kind für einen farbigen Baumwollenlappen, und irgend ein anderer Natursohn, der für seine eigenen Stammesgenossen unbedenklich Not und Tod erleidet, kann ruhigen Blutes das Mitglied eines anderen Stammes in der grausamsten Weise foltern oder doch foltern sehen. Aber gerade das beweist, wie naturgewachsen, wie frei von allen vernünftigen Erwägungen die ersten Antriebe sein müssen, welche den Menschen an den Menschen ketten.

Ein gewichtiges und unumstößliches Argument dafür, daß der Mensch in der Gesellschaft Mensch geworden und daß er nicht umgekehrt aus Überzeugung und Utilitarismus gesellig geworden ist, haben wir bereits im ersten Bande angeführt; es ist die Entstehung der Sprache. Man mag sich diese Entstehung wie immer denken, zwei Tatsachen stehen felsenfest: 1. daß einerseits erst die Schöpfung des Wortes die Entstehung des Begriffes bedeutet, mit andern Worten, daß Sprechen und Denken entwicklungsgeschichtlich vollständig zusammenfallen, und 2. daß andererseits die Sprache nur im socialen Kreise überhaupt entstehen konnte, weil außerhalb der socialen Gruppe, ohne die Gewöhnung und Vererbung in einem verhältnismäßig sehr kleinen Kreise es nie möglich gewesen wäre, daß ein bestimmtes Tonbild stets mit einer bestimmten Vorstellung verbunden und in dieser Bedeutung wiedererkannt worden wäre. Daraus folgt unabweislich, daß der Mensch in der Gesellschaft Mensch geworden ist und daß das erste Agens der socialen Vereinigung nicht in einer spezifisch-menschlichen Qualität, wie es die Vernunft ist, sondern in einem Faktor zu suchen ist, der auch im Tierleben gleich mächtig, ja noch mächtiger wirksam ist.

Alle diese Umstände: der nachweisbare Zusammenhang der tierischen mit der menschlichen Gesellschaft, die Tatsache, daß der Mensch schon vor der Entstehung der Sprache und sonach der Vernunft gesellig gelebt haben muß, die Tatsache, daß der Mensch bisher nie anders als im Rudel aufgefunden wurde und endlich der Umstand, daß das sociale Leben im Naturzustande sich noch immer fast ausschließlich auf triebmäßiger Grundlage abspielt — bilden wohl einen geschlossenen Induktivbeweis dafür, daß der Mensch von Natur aus, d. h. durch besondere Triebe, die er schon von seinen tierischen Urahnen ererbt, ein geselliges Wesen ist, ja daß die besonders starke Entwicklung dieser socialen Triebe im Menschaffen es war, was ihn zum Menschen erhoben hat. Dieses schließt nicht nur nicht aus, daß die geselligen Triebe im Laufe des geselligen Lebens selbst gestärkt, veredelt und allmählich durch Vernunftsgründe ersetzt werden konnten; ja es liegt sogar in dieser allmählichen Umwandlung und Substitution der Grund, warum sich die menschliche Gesellschaft hoch über die lediglich auf dem Triebleben basierte tierische Gesellschaft erhob. Aber das erste Agens der Vergesellung ist deswegen doch nicht der erkannte Nutzen der Gesellschaft, sondern der gesellige Trieb im Menschen.

Der Mensch ist und war ein sociales Tier.

II.

Es ist noch keineswegs lange her, daß man sich gewöhnt hat, in der Gesellschaft neben der Vernunft auch die Einflüsse der Instinkte zu erkennen und anzuerkennen. Espinas, der geniale Erforscher der tierischen Gesellschaften, war der erste, der auf die sociale Bedeutung der Triebe hingewiesen hat. Tarde hat sodann eine rein triebmäßige Erklärung der Gesellschaft zu geben versucht[1]). In Deutschland hat Otto Ammon den Trieben zuerst einen größeren Einfluß auf die Association zuerkannt[2]). Der Amerikaner Giddings hat als den gesellschaftbildenden Faktor ein von Instinkten ausgehendes consciousness of kind angenommen.

Es wird nun notwendig sein, den Charakter der socialen Triebe etwas näher zu betrachten. Man muß uns da vor allem einräumen, daß wir den sexuellen Trieb aus der Reihe der eigentlich socialen Instinkte ausscheiden. Der sexuelle Trieb kann wohl zwei geschlechtlich verschiedene Wesen einander für kurze Zeit vorübergehend näher bringen, aber er ist kein Bringer geselligen Lebens. Die Befriedigung des Geschlechtstriebes erfordert keinesfalls ein dauerndes Neben- und Beieinandersein, wie alle nichtsocialen Tiere, welche die Mehrheit bilden, beweisen. Die Geschichte der tierischen Gesellschaften beweist aber noch weiter, daß der sexuelle Trieb nicht einmal hinreicht, den Eintritt des Mannes in die mütterliche Gesellschaft zu erklären. Die tierische Gesellschaft kommt über die einfache Muttergruppe nirgend hinaus.

Eine erschöpfende Klassifikation der socialen Triebe ist weder möglich noch erforderlich, da nicht alle gleich wichtig für die Entwicklung der Gesellschaft geworden sind. Uns handelt es sich hier zunächst um die primären, d. h. um solche Instinkte, die nicht auf noch einfachere zurückzuführen sind. Wir erblicken als solche die Gleichenliebe, die Sympathie und den Nachahmungstrieb. Alle diese Triebe sind im Tiere so gut wie im Menschen tätig; sie haben nichts mit dem erkannten Nutzen des geselligen Lebens zu tun und entspringen auch nicht aus dem Wunsche, Schmerzgefühle durch Vereinigung mit Anderen abgewendet zu sehen. Sie führen keine andere Lust oder Unlust mit sich als die, welche aus der Möglichkeit oder Unmöglichkeit ihrer eigenen Befriedigung entspringt.

Der wichtigste dieser Triebe ist die „Gleichenliebe“. Man wird sich vielleicht an diesem Namen stoßen, und ich muß gestehen, daß ich ihn

---

[1]) G. Tarde, Les lois de l'imitation, Paris 1895.

[2]) Otto Ammon, Die Gesellschaftsordnung und ihre natürlichen Grundlagen. Jena 1896.

in Ermangelung einer besseren Bezeichnung gewählt habe für eine Sache, die bisher keinen Namen hatte. Man hat wohl von einem „Gattungsgefühl“ gesprochen. Aber das Wort „Gattung“ besagt keineswegs das Richtige. Ein Tier oder ein Mensch fühlt sich keineswegs von Natur aus zu allen Mitgliedern seiner Gattung hingezogen. Auch Giddings' Ausdruck consciousness of kind scheint mir wenig passend, da in dem Wort consciousness eine gewisse Gefahr liegt, sich den fraglichen Trieb als die Frucht der Erkenntnis vorzustellen. In dem Worte „Gleichenliebe“ liegt aber nur die Begriffsbestimmung, daß sich „Gleich und Gleich gern gesellt“. Was die Attraktion in den physikalischen, die Affinität in den chemischen Vorgängen, das ist die Gleichenliebe im socialen Leben. In der Gesellschaft von Gleichen zu sein, ist für die meisten Lebewesen an und für sich ein Lustgefühl und die Trennung von seinesgleichen erweckt Schmerz und Unlust. Wenn man Rinder, Pferde, Hunde aus der Herde reißt und isoliert, werden sie trübselig und traurig: bei gewissen Vogelarten ist dies noch weit auffälliger. Wie sich beim Menschen, und vermutlich auch beim Tiere, die Empfindung der Gleichheit aus der Gleichheit der Empfindungen, also aus dem Mutterboden des psychophysischen Lebens, naturgemäß entwickelt, haben wir im deskriptiven Teil dieses Werkes[1]) ausführlicher dargetan. Das Verhältnis zwischen Mutter und Kind steht an der Grenze der biologischen und socialen Verhältnisse; die möglichste Verlängerung dieses Verhältnisses mag immerhin, wie Darwin meint, eine Frucht der Zuchtwahl gewesen sein; aber einerseits wird die natürliche Zuchtwahl gleichfalls nur durch das Triebleben und keineswegs durch die Vernunft geleitet und andrerseits ist auch dann noch immer die Neigung der Mutter, bei dem Kinde zu bleiben, das prius, da erst diese Neigung den Vorzug im Daseinskampfe gewährte. Nicht alle Tierarten besitzen diese Neigung in gleichem Maße; die menschlichen Mütter waren aber gewiß, wie alle Affenmütter, durch diesen Instinkt besonders ausgezeichnet; das ersieht man noch heute aus der zärtlichen Mutterliebe bei den Naturvölkern, aus der langen Säugezeit u. dgl. Um die Mütter bildete sich dann durch die Anwesenheit mehrerer Kinder die syngenetische Gruppe, und in dieser wuchs die Gleichenliebe eben durch die vollkommene Gleichheit aller Voraussetzungen, aller Lebensbedingungen und Verrichtungen.

Diese Gleichheit hatte auf den primitiven Menschen und besonders auf das Kind zunächst die Wirkung, daß sich seine Sinne an die ihn

---

[1]) Die Gesellschaft. I. Band, S. 61 ff.

umgebende Art von Sensationen gewöhnten und diese als normal empfanden, während jede Abweichung davon als auffällig, störend, unangenehm erschien. Schon die Art und Weise, wie sich Mitglieder anderer Gruppen bewegen, ihre fremden Züge wirken — wie man selbst noch bei unserem Kinde beobachten kann — auf das Kind und den kindlichen Menschen befremdend und abstoßend, ja geradezu schmerzerregend. Der Nicht-Gleiche ist der Fremde, und da der Gleiche der Angenehme, der Geliebte ist, so ist der Fremde der Gehaßte. Je größer der Abstand zwischen dem eigenen und einem anderen Gleichenkreise ist, desto heftiger wird dieses Gefühl des Befremdens und des Hasses. Andere Hautfarbe, andere Haare, eine andere Sprache — das müssen ganz andere Wesen sein als wir, kalkuliert der Naturmensch; kann ich mit diesen verkehren, wie mit meinesgleichen? Und er beantwortet die Frage mit einem entschiedenen Nein! Alle Naturvölker sehen den „Fremden“ nicht als Menschen an und bei vielen Völkern fällt das Wort für Mensch und der Name des eigenen Stammes zusammen. Man hat es den Juden soviel verübelt, daß sie sich für das auserwählte Volk hielten; welches Volk hält sich aber nicht für „auserwählt“, für Gottes oder der Götter Liebling? Welches nicht selbst unter den heutigen Kulturvölkern?[1])

Das Hinzutreten der Vernunft hat im Anfang auf diesen gewaltigen Instinkt ebenso verstärkend gewirkt, wie das Leben in der primitiven Gesellschaft selbst. Aber auch im civilisierten Menschen wirkt dieser ursprüngliche sociale Trieb noch immer mächtig genug, wenn er auch vielfach in geänderte Formen geschlüpft ist oder durch das moderne Leben verdeckt scheint. Im Grunde zieht es aber auch den modernen Menschen immer wieder zu „seinesgleichen“ in Bezug auf Nation, Stand oder Religion. Mit Vernunftgründen läßt sich diese Bevorzugung des „Ebenbürtigen“ — wie jeder aus seinen eigenen Erfahrungen weiß — absolut nicht rechtfertigen und meist auch gar nicht bekämpfen; sie ruht eben auf einer ganz anderen psychologischen Grundlage, auf dem Triebleben. Wenn wir uns aber vollends von der Stärke dieses Instinktes in der heutigen Gesellschaft überzeugen wollen, müssen wir auf seine negative Äußerung, auf den Fremdenhaß, sehen, wie er sich im Krieg austobt, wo

---

[1]) Spencer führt im 2. Kap. der „Einleitung in das Studium der Sociologie“ französische und englische Historiker des XIX. Jahrhunderts an, welche allen Ernstes ihre respektiven Nationen als von Gott „auserwählt“ bezeichnen, und die in Deutschland jetzt so beliebte Anschauung von der „Superiorität der germanischen Rasse“ bedeutet schließlich auch nichts anderes als „Auserwähltsein“.

ja der alte „Urstand der Natur“ zurückkehrt, wo der Fremde, der Feind, nicht mehr als „Mensch“ gilt und ihm gegenüber alle Mittel des Hasses erlaubt scheinen.

Die Gleichenliebe ist das sociale Grundgefühl. Sie erhellt als erster Stern die Nacht urmenschlicher Wildheit, als Kindesliebe, als Liebe zu den Geschwistern, zu den Stammesgenossen; sie läßt der ungezähmten Raublust wenigstens das Haupt der Gleichen unverletzlich scheinen und wird als Stammesliebe ein mächtiger Schild und Panzer in der Wut des primitiven Daseinskampfes, der „Stein und Pfeile schleudert“. Sie führt als Klassengeist, als Liebe zu den Standesgleichen und Ebenbürtigen die Glücklichen zu milderen und feineren Sitten, die Unglücklichen und Bedrängten aber zur ersten Ahnung der Solidarität, zum ersten Lallen von Freiheit und Gleichheit, zu den ersten Opfern von selbstloser Hingebung für den andern, den Nächsten, den Gleichbedrängten. Sie wird zur Vaterlandsliebe und zur Liebe für die eigene Nation, die zu hohen Taten und Opfern begeistert und die Weltgeschichte mit ihrem Schall erfüllt. Immer größer wird der Kreis der Gleichen, den die Liebe umfaßt, immer mehr verschwinden die Ungleichheiten unter höheren einigenden Gesichtspunkten, immer heller strahlt der matte Stern, der einst in der Wildnis als einziges Licht leuchtete, bis er aufflammt zur Sonne der allumfassenden Nächsten- und Menschenliebe, des schrankenlosen Gemeinsinns, welcher den morgenden Himmel einer neuen Zeit vergoldet, einer Zeit, wo alle Menschen gleich und Brüder sein werden.

Sympathie ist keineswegs derselbe Instinkt wie die Gleichenliebe. Sie ist im allgemeinen viel enger, da sie bloß ein Mit-Leiden bei fremden Leiden bedeutet, andrerseits kann sie viel weitherziger sein, da sie sich auch auf den Ungleichen erstrecken kann und gerne erstreckt, schon im Tierreich. Der Hund, von dem Brehm erzählt, daß er nie an einem krank daliegenden Kätzchen vorüberging, ohne es zärtlich mit der Zunge zu belecken, ist das klassische Beispiel hierfür. Die Sympathie gründet genau wie die Gleichenliebe tief im physiologischen Leben. Es ist nichts als die oft bis zur Schmerzempfindung gesteigerte Vorstellung von einem fremden Schmerz. Wenn wir sehen, wie gegen jemandes Arm ein Hieb mit einem scharfen Werkzeug geführt wird, ziehen wir selbst automatisch den eigenen Arm zurück. Je gleichartiger die physiologischen Voraussetzungen zwischen uns und den andern sind, desto lebhafter wird diese Vorstellung, dieses Mit-Leiden sein. Die Sympathie ist also gewiß im Gleichenkreise am stärksten und wirkt verstärkend auf die Gleichenliebe.

Aber so wenig mild und freundlich uns auch der ursprüngliche Mensch entgegentritt, so roh und rauh er den Fremden anfaßt, die Sympathie, das Mitgefühl mit dem Leidenden war vielleicht die erste Brücke zwischen dem Gleichen und dem Fremdling, der einzige Anlaß, auch in dem Andern einen Menschen, einen Gleichen im weiteren Sinn zu erblicken. So wurde die Sympathie ein socialbildender Faktor ersten Ranges.

Die Nachahmung endlich ist ebenfalls ein Trieb, der in das Grenzgebiet des physischen und psychischen Lebens gehört und sich beim Tiere ebenso findet wie beim Menschen. Ja, der Nachahmungstrieb ist so hervorstechend beim Affen und Menschen (besonders beim kindlichen Menschen) entwickelt, daß man ihn mit Recht „das Äffische am Menschen“ oder „das Menschliche am Affen“ nennen kann. Der Nachahmungstrieb wäre nach Tarde das Werk der wechselseitigen Suggestion und die eigentliche socialbildnerische Kraft. Der geniale Franzose hat sich in seinen „Lois de l'Imitation“ bemüht, alle Gesetzmäßigkeit des geselligen Lebens aus diesem einen Trieb abzüleiten und das gesellschaftliche Leben als eine Art somnambulen Zustand hingestellt. Das ist nun gewiß ebenso einseitig und übertrieben, wie wenn Giddings den socialen Prozeß ebenso ausschließlich durch sein consciousnes of kind erklären will. Beide Versuche zusammen bilden die triebmäßige Erklärung des socialen Lebensprozesses. Tarde sowohl wie Gidding haben den Fehler begangen, daß sie glaubten, das sociale Leben ließe sich in einer so einfachen Formel fassen. Tardes Studien erschöpfen nicht einmal die Psychologie der Massen, insofern auch hier die Vernunft, besonders in den höheren Entwicklungsstadien, wie Giddings mit vielem Geiste nachgewiesen hat, eine stets wachsende Bedeutung gewinnt.

Allerdings bleibt das Hauptagens der gesellschaftlichen Bewegung das Triebleben der Menschen, und unter den socialen Trieben spielt gewiß die Nachahmung und zwar die automatische, unabsichtliche Nachahmung eine hervorragende Rolle. Der Nachahmungstrieb besorgt zunächst den Ausgleich im Innern der einzelnen Gruppe. Was nicht gleich ist, ist der Gruppe fremd und muß entweder hinaus oder es muß sich anpassen. Anpassung ist aber Nachahmung. Welche außerordentliche Rolle dieser Ausgleich durch Anpassung an die Gleichenkreise auf allen Stufen der socialen Entwicklung spielt, haben wir im ersten Teile bereits gezeigt[1]) und werden wir noch näher erörtern müssen. Es soll hier nur noch

[1]) I. Band. S. 182 ff.

darauf aufmerksam gemacht werden, daß selbst im modernen Leben sich der sociale Ausgleich zum allergrößten Teil nicht durch planmäßige und absichtlich herbeigeführte, sondern durch ganz unbewußte Nachahmung vollzieht. Ja, im Gegenteil, es wäre kaum anzunehmen, daß sich irgend eine solch entscheidende Umwandlung, z. B. Entnationalisierung, leichter in der Tageshelle der Vernunft als im Dämmerlichte des Trieblebens vollziehen könne. In der Politik ist auch heute noch die Erregung der Instinkte — im Guten oder Bösen — das wirksamste, das Argument das wirkungsloseste Mittel zur Bewegung der Massen.

Daß die Nachahmung wie die Gleichenliebe und die Sympathie durch das Bewußtsein bis zu einem gewissen Grade sogar verstärkt werden kann, ist unleugbar. Besonders in der neueren Geschichte spielt die absichtliche Nachahmung politischer Formen eine große Rolle. Auch aus früheren Entwicklungsstadien der Gesellschaften haben wir Beispiele für die absichtliche Nachahmung fremder socialer Formen angeführt. Insofern kommt dem genannten Trieb auch eine große Bedeutung für die äußere Gestaltung der Gesellschaften zu. Allerdings, wenn Tarde meint, alle gesellschaftlichen Formen einfach durch Nachahmung erklären und auf eine gemeinsame Wurzel zurückführen zu können, so geht er auch hier wieder viel zu weit und wird von der Erfahrung arg im Stich gelassen. Tarde selbst kann nicht leugnen, daß eine Reihe von auffallenden Ähnlichkeiten bei Völkern — bei denen jede gegenseitige Entlehnung ausgeschlossen ist — durch die Gleichheit der physischen und organischen Voraussetzungen der betreffenden Gesellschaften erklärt werden müsse. Während aber Tarde solche Fälle nur als Ausnahmen gelten lassen will, sind sie in Wirklichkeit sehr häufig und betreffen sehr wichtige sociale Institutionen. So hat sich z. B. der feudale Staat zu den verschiedensten Zeiten und bei den verschiedensten Völkern, die nie direkt oder indirekt miteinander verkehrten, in auffällig gleicher Weise entwickelt.

Endlich hat Tarde noch eins übersehen: Der Nachahmungstrieb ist einer der stärksten socialen Triebe, aber er ist keineswegs der einzige. Die verschiedenen socialen Triebe können, wie gesagt, einander stützen und verstärken. Aber sie können auch einander bekämpfen und hinderlich werden. So wie die Sympathie unter Umständen zu der Gleichenliebe in Opposition treten kann, wenn sie sich einem Fremden zuwendet, oder wie die Gleichenliebe aus dem gleichen Grunde die Sympathie abschwächen kann, so kann die Nachahmung durch die Gleichenliebe und durch den Haß gegen alles Fremde abgeschwächt, ja sogar paralysiert werden. Auf der Naturstufe ist die Nachahmung fremder Formen schon deshalb nicht so leicht möglich, weil der Verkehr der Völker untereinander, wie dargetan wurde, infolge des Rassenhasses sehr erschwert ist. Wer die Kulturgeschichte der Naturvölker nur einigermaßen kennt, weiß, wie grundverschieden z. B. die Werkzeuge selbst bei eng benachbarten Völkern sind, und wie wenig leicht die starre Tradition durch Nachahmung durchbrochen wird. Die Civilisation und der moderne Verkehr hat ja gewiß für den Nachahmungstrieb bedeutend förderlich gewirkt, indem er viele Hindernisse des Verkehrs beseitigte. Aber auch heute noch kann man sehen, wie schwer ein Volk — selbst ein ausgesprochen weltbürgerliches Volk — die Einrichtungen eines anderen nachahmt, wenn man die Schwierigkeiten betrachtet, die es bereitet, die Engländer zur Annahme des allgemein geltenden und so eminent praktischen Decimalsystems in den Maßen, Münzen und Gewichten zu bewegen. Dieses soll nur zeigen, daß sich einerseits die socialen Instinkte auch opponieren können und daß andrerseits die Nachahmung, obwohl ein mächtiger Trieb, doch gewiß nicht hinreicht, alle Probleme des socialen Lebens zu lösen. So von einem winzigen Guckloch aus läßt sich die weite Welt der Sociologie nicht überblicken.

III.

Der Mensch ist also von Natur aus ein sociales Wesen, schon bei seinem Erscheinen auf der Weltbühne mit Instinkten, d. h. mit ererbten Anlagen ausgerüstet, welche ihn unwiderstehlich auch ohne jedes Zweckbewußtsein auf das gesellige Leben hinweisen. Daß die Geselligkeit ein mächtiger Vorteil im Daseinskampfe wurde, daß die socialsten Individuen die Befähigtsten in diesem Kampfe waren, und daß also durch das Überleben der Socialsten (the survival of the social — Lester Ward) und durch die Vererbung der socialen Instinkte diese selbst immer mehr gekräftigt wurden, widerspricht unserer Annahme von den triebmäßigen Voraussetzungen der Gesellschaften nicht im geringsten. Im Gegenteile: die natürliche Zuchtwahl vollzieht sich, wie schon erwähnt, ganz und gar nicht nach einem rationell entworfenen Plan sondern instinktiv. Ja sogar die in späterer Zeit vernunftgemäß erworbenen Überzeugungen von dem Nutzen der Gesellschaft bekommen erst sociale Bedeutung, d. h. werden erst eine treibende Kraft für die Massen, wenn sie wieder in der Form von Trieben durch Generationen festgelegt sind, also selbst wieder zu abgeleiteten Instinkten geworden sind. Die unüberwindliche Abneigung mancher Völker gegen gewisse sociale Institutionen und die ebenso unausrottbare Vorliebe anderer Völker für andere Einrichtungen gehört in diese Kategorie von sekundären Instinkten. Man wird durch Argumente einen Tiroler ebensowenig zur Republik bekehren, als man einem Engländer auf diese Weise seine Überzeugung von der unbedingten Vollkommenheit des parlamentarischen Systems ausreden wird.

Die also entstandenen sekundären socialen Instinkte sind meist besondere Instinkte, wie z. B. die speziell gerichtet Gleichenliebe, welche als Nationaldünkel, Rassenhaß, religiöser Fanatismus, Klassen- oder Standesgeist u. s. w. auftritt, oder die instinktive Sehnsucht nach einem bestimmten Ort, die Heimatsliebe und das Heimweh, oder der zur willenlosen Subordination ausgebildete Nachahmungstrieb und ihr Gegenstück die Herrschsucht, der Stolz, die Ruhmsucht. Wie mächtig ist nicht die Rolle dieser sekundären Triebe im socialen Leben auch der civilisiertesten Völker! Wer hat nicht eine Zeit, die sich für überaus human und aufgeklärt, für das goldene Zeitalter der Vernunft hält, vom wüsten Rassenhasse durchtobt gesehen? Und dieser Rassenhaß, er ist eines der ältesten Inventarstücke der menschlichen Gesellschaft und doch noch immer ein so bestimmender Faktor des öffentlichen Lebens wie vor tausenden Jahren. Alle Vernunft bricht machtlos zusammen, wenn er sein wildes Haupt erhebt. Er ist als ein echter Trieb unvernünftig, ja vernunftwidrig und verlangt seine Befriedigung ohne Rücksicht darauf, ob diese Befriedigung Nutzen oder Schaden bringt. So wie ein Individuum einem Trieb oft nicht widerstehen kann und koste es das eigene Leben, so ist ein Volk imstande sich eher zu ruinieren, als seinen blinden Rassenhaß zurückzudrängen. Wenn der historische Materialismus die wirtschaftlichen Bedürfnisse als die erste und einzig bestimmende Triebkraft des socialen Lebens hinstellt, so findet er an diesem Punkte eine arge Niederlage. Nicht daß wir diesen Bedürfnissen die socialbildnerische Kraft absprächen, nicht daß sich dieses Bedürfnis in der Mehrheit der Fälle anders als triebmäßig äußerte — aber es gibt noch andere, kräftigere Triebe, welche selbst diesen scheinbar kräftigsten, weil im Selbsterhaltungstrieb wurzelnden Instinkt kaltzustellen vermögen. Völker, welche durch alle Argumente des wohlverstandenen Eigeninteresses aneinander gewiesen wären, bei denen aber auch alle Voraussetzungen einer rationellen Gemeinwirtschaft gegeben wären, bekämpfen sich lieber aufs blutigste zum eigenen Schaden, und unterbinden sich gegenseitig die Quellen wirtschaftlicher Prosperität aus bloßem unersättlichen Rassenhaß. Ein solches Beispiel bildet Spanien. Hier waren alle Voraussetzungen gegeben, daß durch eine friedliche sociale Kooperation der verschiedenen, auf der Höhe der menschlichen Veranlagung stehenden Völker das Land zu einem Paradies umgewandelt werde. Statt dessen aber haben sich die Völker blindwütig bis zur Ausrottung bekämpft, und der blinde Rassenhaß und Glaubensfanatismus hat Spanien in eine Stätte des socialen Ruins, in einen Herd antisocialer Instinkte (Jesuitismus, Gewaltanarchismus) umgewandelt. Man wird sagen, daß sich so etwas im finstern Mittelalter zutragen konnte, aber nicht mehr heute, wo das Licht der Vernunft und Menschlichkeit so siegreich über die Welt aufgegangen ist. Nun wohl, man sehe sich Böhmen an, ein Land, mitten im Herzen Europas gelegen, von der Natur gesegnet wie kaum ein zweites. Nicht nur die wirtschaftlichen Interessen beider Völker, nicht nur alle Argumente der politischen Raison sprechen dafür, daß sich Deutsche und Tschechen versöhnen und kooperieren; die Existenz eines ganzen großen Staates, eines für das sociale Gefüge Europas äußerst wichtigen Staates hängt von der friedlichen Kooperation dieser beiden Völker ab, und eine anthropologische Schwierigkeit für eine solche Kooperation, wie sie etwa infolge der großen Rassengegensätze zwischen Mauren und Goten bestanden hatte, ist hier auch nicht gegeben. Und trotzdem überwiegt der Rassenhaß heute wie zu Zeiten Boleslaws, Drahomiras oder Žižkas alle anderen socialen Triebe und alle Gründe der Vernunft, zerreißt immer wieder die zarten Fäden, welche das wirtschaftliche Interesse oder eine kluge Politik zwischen den beiden Völkern gesponnen hat und macht eine Socialisation unmöglich. Eines der furchtbarsten Beispiele für die Gewalt dieser sekundären Triebe sind die Kreuzzüge, das unvernünftigste Schauspiel, welches die Welt vielleicht je gesehen hat. Wenn die menschliche Gesellschaft nur von der Vernunft regiert würde, wie die Menschen glauben, so wäre eine solche Verirrung nie, auch vor tausend Jahren nicht möglich gewesen. Man denke nur, wie abträglich es für Europa in jenem Zeitpunkt, wo es wirtschaftlich kaum erschlossen, politisch kaum notdürftig organisiert war, wie geradezu ruinös es sein mußte, wenn es durch Generationen die Jugendkraft seiner Bevölkerung, die Blüte seiner Männlichkeit, die Frucht seiner Mühen an ein fremdes Land abgeben mußte, wo nichts zu holen, nichts zu investieren und nichts zu rentieren war. Die Geschichte dürfte kaum ein zweites Beispiel eines ähnlich sinn- und gewissenlosen Hazardspieles mit den Kräften eines ganzen Erdteiles kennen; wenn auch die Kreuzzüge nicht ohne segensreiche Wirkungen für den socialen Ausbau Europas blieben, so waren doch diese Wirkungen weder von den Kreuzfahrern intendiert, noch bildeten sie den eigentlichen Anlaß zu den Expeditionen; dieser lag vielmehr, von der Beutelist Einzelner abgesehen, in der religiösen Suggestion, welcher Tausende und Millionen willenlos gehorchten.

Ebenso gewaltig wie das Rassengefühl und der religiöse Fanatismus wirken aber auch die andern Triebe in der Gesellschaft, der Klassen- und Standesgeist, das Heimweh und die Wanderlust, die oft ganze Völker ohne äußere Müssigung erfaßt, Ruhm- und Herrschsucht, Stolz und Eitelkeit u. s. w. Nicht alle Triebe rufen so furchtbare Umwälzungen hervor, wie es die Kreuzzüge waren, aber sie wirken dafür im stillen und kleinen um so sicherer und ausgiebiger. Dazu kommt, daß, wie schon erwähnt, das wirtschaftliche Bedürfnis, das Verlangen nach neuen Produktionsformen und die Durchsetzung dieser Formen ebenfalls nur triebmäßig empfunden und durchgeführt wird. Ob wir hier nun die ältere Anschauung des historischen Materialismus gelten lassen oder uns neueren kritischeren Auffassungen[1]) anbequemen, nach welchen die Produktivkräfte nichts außerhalb des Menschen Wirkendes sind und in den Empfindungen des Menschen einerseits die Ursache für die Produktion andererseits der ideologischen Erscheinungen liegt — in jedem Fall ist die Ideologie gegenüber diesem Empfindungsleben das Jüngere, Nachträgliche. Auf den ersten Blick freilich scheint sich der politische Prozeß gerade in gegenteiliger Richtung abzuspielen, besonders in modernen Staaten, wo die Gesetzgebung so ganz die Frucht menschlichen Planens und Denkens zu sein scheint. Nun wollen wir ja der menschlichen Vernunft keineswegs ihre Rolle im socialen Prozeß absprechen, das folgende Kapitel wird dies beweisen. Aber es wäre doch ein verhängnisvoller Irrtum, zu glauben, daß sich der sociale Prozeß heute anders abspiele als ehedem, daß er heute ganz von vernünftigen Erwägungen bestimmt werde und nicht mehr von dunklen Trieben. Die Juristen wissen es längst sehr genau, daß auch die modernste Gesetzgebung in den allermeisten Fällen nur die Kodifizierung von Zuständen, die in Wirklichkeit längst gegeben und ohne die bewußte Absicht der Menschen entstanden sind, oder die Abschaffung anderer Zustände bedeutet, die sich in der Wirklichkeit als unhaltbar, als den socialen Verhältnissen nicht mehr entsprechend fühlbar gemacht haben. Besonders deutlich erkennt man die Unabhängigkeit des socialen Entwicklungsprozesses von menschlichen Zweckbegriffen und Plänen in der Verfassungs-

[1]) J. Hollitscher, Das historische Gesetz. Dresden und Leipzig 1901. S. 94ff.

gesetzgebung. Alle modernen Verfassungen, die sich wirklich bewährt haben, gehören der Hauptsache nach zu dem ältesten Bestand der Lebensformen des betreffenden Gesellschaftswesens. Die ausgedachten und ausgeklügelten Institutionen, mögen sie nun dem Kopf eines Robespierre oder Sieyès entsprungen sein, oder die ohne genaue Rücksicht auf die besonderen Lebensverhältnisse in doktrinärer Absicht nachgeahmten Verfassungen, wie die nach belgischen Rezept angefertigte österreichische, oder die Verfassungen der verschiedenen Balkanstaaten u. dgl. haben sich nie bewährt, nie lange gelebt oder versprechen — falls sie noch am Papier leben — kein hohes Alter zu erreichen.

Endlich müssen wir, wenn wir von dem mächtigen Einfluß der Triebe auf den socialen Prozeß sprechen, der antisocialen Triebe nicht vergessen, des bis zur Verneinung des socialen Lebens gehenden Selbsterhaltungstriebes, der verbrecherischen Triebe u. s. w., die als opponierende Kräfte in der socialen Entwicklung bedeutend zur Geltung kommen und deren Gang mitbestimmen.

Welche allgemeine Bedeutung die sogenannten Instinkte im socialen Leben auch der fortgeschrittensten Zeiten haben, dort wo es uns als Politik, d. h. als pure Vernunft und Absischt erscheint, hat schon längst die tiefer blickende Wissenschaft erkannt. Der ebenso geistreiche als gründliche W. E. H. Lecky hat schon vor fast vierzig Jahren die große Bedeutung der Tatsache erkannt, „daß die spekulativen Meinungen, zu denen sich eine große Gesamtheit von Menschen bekennt, nicht wegen der Argumente angenommen werden, auf welchen sie beruhen, sondern wegen einer Prädisposition zu ihrer Aufnahme. Diese Stimmung hängt bei vielen Personen ganz und gar von den Verhältnissen ihrer Stellung ab, d. h. von den Gedankenverbindungen der Kindheit, Umgebung oder des Interesses, und ist von solcher Natur, die nichts mit Argumenten zu tun hat. Bei andern hängt sie hauptsächlich von dem Charakter ihres Geistes ab, der sie zur Annahme einer Art Argumente mehr geneigt macht, als einer anderen. Dieser intellektuelle Charakter ist wieder das Ergebnis teils natürlicher und angeborener Eigentümlichkeiten, teils der Gesamtheit von Einflüssen, welche auf den Geist wirken; denn der Geist des Menschen ist kein bloßes Behältnis zur Annahme des Wissens, sondern er absorbiert und verarbeitet durch sein eigenes Wesen die Gedanken, welche er empfängt. Bei einer gesunden Konstitution bewirkt vermehrtes Wissen auch eine vermehrte geistige Fähigkeit, und jedes besondere Wissensgebiet umfaßt nicht bloß eine besondere Art der Belehrung, sondern erzeugt auch eine besondere Form und Richtung des Urteils. Alle Geister werden mehr oder weniger von dem, was die Chemiker die Gesetze der Wahlverwandtschaft nennen, beherrscht. Das Gleiche strebt naturgemäß zum Gleichen. Die vorherrschende Leidenschaft jedes Menschen färbt die ganze Art seines Denkens, und jeden Gegenstand, den er untersucht, erfaßt er triebmäßig von derjenigen Seite, die am meisten mit seiner Lieblingsmeinung übereinstimmt.“ [1])

IV.

Wenn es nun einerseits feststeht, daß die menschliche Gesellschaft nicht durch irgend eine Tätigkeit der Vernunft, besonders nicht durch das Zweckbewußtsein herbeigeführt wurde, sondern durch die socialen Instinkte, d. h. durch ererbte Anlagen zur Geselligkeit von Natur aus bedingt ist, und wenn es andrerseits nachgewiesen ist, daß diese präanthropischen Instinkte sowie andere später in der Gesellschaft erworbene und stets vermehrte und vererbte sociale Triebe auch heute noch im gesellschaftlichen Leben eine große Rolle spielen, so ist wohl der Schluß erlaubt, daß der Akt der Association zu allen Zeiten und auf allen Entwicklungsstufen immer auf dieselbe Grundlage, d. h. auf die socialen Triebe zurückgeht. Und dieser Schluß wird durch die Erfahrung vollauf bestätigt.

Wir haben bei der Schilderung des „Politischen Prozesses“ dargetan, daß die Entstehung neuer Gesellschaften immer und zu allen Zeiten sich in gewissen festen Linien bewegt. Der erste Anstoß einer neuen Gesellschaft wird nie, wie viele meinen, durch die Vereinigung verschiedener Individuen gegeben (so ist noch nie eine Gesellschaft entstanden), sondern durch das Zusammentreffen zweier verschiedener Gesellschaften, oder Bruchstücke von Gesellschaften. Dieses Zusammentreffen kann friedlich oder feindlich sein, die verschiedenen Gesellschaften können räumlich nebeneinander oder übereinander liegen, d. h. es kann sich um gleichberechtigte Völker in benachbarten Territorien oder um Völker handeln, von denen das eine in das Gebiet des andern einbricht, sich hier festsetzt und die Urbewohner unterjocht und knechtet. Das läuft zuletzt alles auf eins hinaus. Das erste Anzeichen der Association ist der Verkehr, ein weiteres die Kooperation, und das Ende ist die allmähliche Angleichung, Assimilation der heterogenen Teile. Verkehr, Kooperation und Assimilation

---

[1]) Geschichte des Ursprungs und Einflusses der Aufklärung in Europa. Deutsche Ausgabe. Leipzig und Heidelberg 1873. 2. Band S. 76f.

entspringen aber Bedürfnissen, die meist beiden Teilen garnicht bewußt werden. In der Regel befinden sich Völker bereits in Verkehr, ja in Kooperation — wenn auch in erzwungener —, ohne daß sie von dieser wichtigen Tatsache eine rechte Vorstellung haben. Ja der Assimilierungsprozeß hat schon begonnen, während von beiden Teilen halsstarrig jede Ausgleichung verneint, als ärgster Schimpf hingestellt wird. Nehmen wir nur den Fall an, daß ein Volk das andere besiegt und es zur dienstbaren, rechtlosen Klasse macht, also den allerhärtesten Fall: in der Tat ist schon damit der Verkehr, die sociale Kooperation und die Assimilation eingeleitet, denn zumindestens eine teilsweise Assimilation in puncto der Sprache ist eine unerläßliche Bedingung eines solchen Verhältnisses. Gleichwohl betrachten sich beide Teile als fremd, bilden ihren eigenen Blutkreis, haben ihre eigenen Lebensformen, vielleicht auch ihre eigene Religion und erklären, um keinen Preis von diesen Eigenheiten zu Gunsten des anderen Teiles etwas preisgeben zu wollen. Dieser erste Schritt zur Association ist also gewiß nicht aus vernünftigen Absichten, sondern rein triebmäßig erfolgt. Und ebenso vollzieht sich der weitere Prozeß der Assimilation und Association fast ausschließlich unter der Schwelle des Bewußtseins, ja oft im Kampfe gegen die bewußten unversöhnlichen Vorsätze der Menschen. Wenn es auf den guten Willen und die beste Einsicht der Deutschen angekommen wäre, wäre Deutschland vermutlich heute noch immer nicht geeinigt, und unser schönes altes Oesterreich ginge, wenn es durch das Argument regiert würde, in tausend Stücke. Im Oberbewußtsein der Menschen schwebt fast nur das Trennende, was sie eint und zueinanderzieht ist das äußere Bedürfnis, die Not des Lebens, die als inneres Bedürfnis, als Trieb im Menschen festgelegt wird.

Es wird dem Leser schon aufgefallen sein, daß die Völker im politischen Leben oft so ganz anderes zu wollen vorgeben, als sie wirklich wollen und als ihr natürliches Interesse verlangt. Das rührt davon her, daß im Menschen, der noch nicht zur sittlichen Vollendung gelangt ist, ein heilloser Zwiespalt zwischen seinen Trieben und seiner Erkenntnis stattfindet. Dieses Kapitel, welches eines der wichtigsten für die Ethik ist, ist es auch für die Sociologie. Man darf im politischen Leben nicht immer oder eigentlich nur sehr selten auf die Worte hören, obwohl das Parlament heute der Ort der Politik ist und Parlament der Ort der Reden heißt. Wenn die Völker am meisten schreien und zetern und gewisse Grundsätze in den Abgrund der Hölle verbannen, stehen sie zumeist schon mit beiden Beinen am Boden dieser vielverlästerten Grundsätze. Während man jeden Ausgleich in Recht und Sprache perhorresziert, harrt er meist nur noch der letzten Sanktion, während Franzosen und Deutsche bis an die Zähne gerüstet zum neuerlichen Kampf einander gegenüberstehen, vollziehen sich alle Einleitungen zum friedlichen Verkehr beider Völker auf den verschiedensten Gebieten der Betätigung. Während die bürgerliche Gesellschaft sich abmüht, alle erdenklichen Argumente gegen den Socialismus aufzubieten und alle Gewalt gegen ihn ins Feld zu führen, vollzieht der bürgerliche Staat unter der stillen Zustimmung seiner Bürger die faktische Socialisierung der Gesellschaft.

Der sociale Prozeß, die Association stellt sich eben in ihren Anlässen und großen Zügen nicht als eine Frucht der grübelnden Vernunft, der Absicht und des Zweckbewußtseins, sondern als ein Werk natürlicher Triebe heraus, die im Daseinskampfe erworben, durch Generationen vererbt sind und sich als die in jedem einzelnen Individuum hinterlegten Spiegelbilder der objektiven Notwendigkeit darstellen. Daß das gesellige Leben für eine höhere Vervollkommnung der tierischen Welt unerläßlich war, ist unzweifelhaft. Diese Notwendigkeit muß aber auch den einzelnen Wesen in entsprechender Weise bewußt werden, d. h. unmittelbar einleuchten, so daß ein Zweifel darüber nicht bestehen kann; die Vernunft wäre nicht der richtige Weg hierzu, denn die Vernunft gibt uns keine unanfechtbaren unzweideutigen Aufschlüsse über unsere Bedürfnisse, wohl aber tun dies unsere Triebe. Am allerwenigsten ist es aber möglich, durch Appellation an die Vernunft eine große Anzahl von Menschen dauernd aneinander zu fesseln. Ein jeder, der Erfahrung im Vereinsleben hat, weiß davon ein garstiges Lied zu singen. Man denke nur, wie kontrovers die Ansichten der Menschen über die Organisation ihrer eigenen Gesellschaft sind. Hundert Menschen haben darüber hundert verschiedene Ansichten, und ein jeder hat für seine Ansicht hundert von den allerbesten Argumenten. Und doch kann in einem bestimmten Moment nur eine einzige Organisation die richtige sein. Wenn also die Association von der „Überzeugung" der Menschen abhinge, wäre es nie zu einer solchen gekommen. Aber sie ruht auf einer ganz anderen, viel gleichmäßigeren und sicherern Basis, auf dem Triebleben. Dieses repräsentiert das Gemeinsame im Menschen, ist nicht so stark differenziert wie die persönliche Vernunft und unterliegt nicht dem Irrtum wie das Urteil. Das Triebleben ist die im Individuum psychophysisch hinterlegte Außenwelt, und daher das richtige Medium, durch welches die Kräfte der Natur gleichmäßig aufgefangen und nach einer Richtung hingeleitet werden können.

Wir kommen also zu dem Schluß: Die Gesellschaft beruht auf Instinkten, welche den Menschen seiner ganzen Natur nach zur Geselligkeit bestimmen und welche zum Teil schon aus der vormenschlichen Zeit überkommen, zum Teil in der menschlichen Gesellschaft erworben und weitervererbt sind. Die Bewegungen der socialen Masse vollziehen sich triebmäßig und nicht auf Grund eines freiwillig gesuchten Konsenses und vernünftiger Argumente.

Vierzehntes Kapitel.

Die ideelle Seite des Gesellschaftslebens.

I.

Schon aus dem Vorherstehenden geht hervor, daß der sociale Prozeß kein rein mechanischer Vorgang, kein bloßes Rechenexempel ist, und daß das Triebleben, also ein psychologischer Faktor auf denselben einen entscheidenden Einfluß nimmt. Während es aber Männer gab, welche von solchen Dingen nichts wissen und die socialen Vorgänge wie die Wurfbahn irgend eines bestimmten Körpers einfach am Papier ausrechnen wollten — wollten, es ist nämlich immer beim Wollen geblieben —, so gab und gibt es auch wieder Leute, denen eine solche Art socialer Psychologie, wie wir sie eben entworfen haben, garnicht genügt. Sie wollen in der Gesellschaft lediglich einen Gedankenprozeß oder das Werk des menschlichen Willens — natürlich des freien Willens — und in der Geschichte eine Auslegung der Vernunft erblicken. Nicht zufrieden damit, den einzelnen socialen Vorgängen einen vernünftigen Zweck zu Grunde zu legen, stellen sie einen höchsten und letzten Zweck als das Ziel und Ende aller socialen Entwicklung hin, sei es nun die Verherrlichung des Schöpfers, die Erreichung der Gottebenbildlichkeit, sei es die Erfüllung des höchsten sittlichen Ideals oder die Erreichung der vollendetsten, wunschlosen irdischen Glückseligkeit. Es kommt aber schließlich immer auf eins und dasselbe heraus: die Gesellschaft hat einen bestimmten höchsten Zweck zu erfüllen, und nach der Richtung dieses Zweckes, nach Maßgabe dieses Zieles hat sie ihre Entwicklung einzurichten.

Diese rein teleologische Auffassung der Gesellschaft könnte uns als Gegner jeglicher Teleologie fast verführen, über solchen Standpunkt einfach zur Tagesordnung überzugehen. Da wir aber allen Meinungen über die Gesellschaft einen gleichen Wert einräumen, müssen wir uns bemühen, auch aus dieser Meinung den Dauerkern der Wahrheit von den Hüllen des Irrtums zu befreien.

Vor allem zeigt schon ein ganz flüchtiger Blick auf die gewonnene sociologische Erfahrung, daß ein gewissermaßen von Ewigkeit gesetzter sittlicher Zweck die Gesellschaft nicht leiten, die ethische Mission nicht den substantiellen Kern des socialen Lebens bilden könne. Denn wenn irgend ein höheres Zweckbewußtsein das gesellschaftliche Leben als Urkraft leiten und regieren würde, dann könnte es überhaupt kein sociales Leben geben, wo das Bewußtsein dieses Zweckes nicht vorhanden wäre, denn es hieße doch jede Terminologie über den Haufen werfen, wenn man von unbewußten Zwecken und Absichten sprechen wollte. Nun gibt es aber tatsächlich — wie gezeigt wurde — ein ganz naturgewachsenes, von jeder erkannten Absicht, von jedem Zweckbewußtsein vollkommen unbeeinflußtes sociales Leben. Wenn es hierfür noch eines Beweises bedürfte, so würden diesen die tierischen Gesellschaften liefern, die lediglich auf der Ausübung der organischen Funktionen beruhen. Allerdings beweisen diese tierischen Gesellschaften auch noch etwas anderes: sie zeigen, daß ein geselliges Leben und Wirken ohne erkannte Zwecke möglich, daß aber eine Entwicklung ohne dieses Licht der Erkenntnis undenkbar ist.

Die tierischen Gesellschaften sind entwicklungsunfähig, sie kommen über eine gewisse Stufe der Gestaltung in Ewigkeiten nicht hinaus, weil die geistige Entwicklung des Tieres begrenzt ist und weil es, wenn auch wahlfähig, über das Gegebene doch nie hinausgeht. Nur der Mensch vermag es, die engen Grenzen der Wirklichkeit zu überschreiten, über das tatsächliche Sein sich zu erheben und sich eine eigene Welt des Wollens und des Sollens zu erschaffen, die gar oft wieder in eine Welt des realen Seins umgewandelt wird. Die unter der Stufe der Menschheit stehende Welt ist vor all den Irrtümern gefeit, in welche der Mensch auf seinem Pfade nach Verbesserung seiner Verhältnisse sich verstrickt, sie kennt aber auch den Fortschritt nicht, der nur aus der Umwandlung des Seins in Sollen und des Sollens in neues Sein entspringt.

Der Mensch lebt im Anfang in einer Gesellschaftsform, welche vor dem tierischen Rudel keine erheblichen äußeren Unterschiede und Vorzüge voraus hat; wenn sich gleichwohl aus der Horde — früh oder spät

— feiner organisierte sociale Formen entwickelten, so lag der Grund in den intellektuellen Fähigkeiten, die der Mensch gegenüber den Tieren voraus hat.

Hierher gehört vor allem die Sprache. Die menschliche Sprache hat allerdings in erster Linie physiologische Voraussetzungen, allein damit ist's nicht getan: es gibt auch Tiere (Stare, Raben, Papageien), welche die physiologischen Voraussetzungen besitzen, um artikuliert sprechen zu lernen und gleichwohl nie von selbst zur Sprache kämen, wenn ihnen dieselbe nicht eingelernt würde. Auch besitzen ja die meisten höheren Tiere, besonders die socialen, phonetische Verständigungsmittel aller Art, denn ein sociales Leben — sei es noch so rudimentär — ist ohne Lautverständigung undenkbar. Allein nur der Mensch besaß die geistige Veranlagung, das natürliche Stimmorgan zu jenem kunstvollen, zauberhaften Instrumente auszugestalten, das ihm einen so unermeßlich weiten Vorsprung vor der übrigen Tierwelt gewährt. Da aber nun die Lautverständigung eines der unerläßlichsten Elemente des geselligen Lebens überhaupt ist, überragt an Entwicklungsfähigkeit die menschliche Horde trotz ihrer sonstigen Einfachheit ebenso hoch den tierischen Rudel, als die menschliche Sprache über den tierischen Lautmitteln steht. Sie gewährte der menschlichen Urgesellschaft eine erhöhte Bewegungsfreiheit, welche gleichwohl den inneren Zusammenhang der Horde nicht in Gefahr brachte; sie erleichterte die Nahrungssuche, die Verteidigung und den Angriff, sie bildete aber vor allem anderen ein Reservoir für die einmal gemachten Erfahrungen, sodaß sie nie wieder verloren gehen und noch entfernten Generationen zu Nutze kommen konnten. Die Sprache ist eben nicht bloß ein Band zwischen räumlich geschiedenen Wesen, sondern auch zwischen zeitlich voneinander getrennten Wesen. Ohne sie gibt es keine Kontinuität des geselligen Lebens. In der Kontinuität aber lag die unerläßliche Voraussetzung des Fortschrittes. Wenn die Erfahrungen, die eine Person oder Generation machte, immer mit ihr zu Grabe getragen worden wären, ist nicht einzusehen, wie sich die Gesellschaft jemals über den ursprünglichen Zustand hätte erheben können. Daß eine einmal gemachte Erfahrung auch den fernsten Geschlechtern erhalten blieb, ist nicht das Werk der Triebe, sondern das Werk des Gedankens und seines Trägers, der Sprache. Der Fortschritt ist ohne Vernunft nicht denkbar.

Daß dieser Fortschritt, ganz objektiv besehen, sich zunächst in der Verbesserung der Mittel zur Nahrungsgewinnung, in der Verbesserung der Ernährung selbst äußerte, war von der allergrößten Bedeutung. Im gewissen Sinn gilt der Satz: der Mensch ist, was er ißt. Das Tier hat wenig oder gar keine Wahl. Schon der Umstand, daß die meisten Tiere entweder ausschließliche Fleisch- oder Pflanzenfresser sind, erschwert ihre Nahrungsmittelversorgung im höchsten Grade. Der Mensch war gleichfalls ausschließlicher Pflanzenfresser, aber er zerriß dieses hemmende Band schon in seinen Urtagen indem er Allesesser wurde und sich die Möglichkeit der Wahl schuf. Auch hier waren physiologische und psychologische Bedingungen eng und unlösbar ineinander verwoben; aber das eben beweist, daß die bloß physiologischen Voraussetzungen nicht hinreichten, um diesen Akt der Menschwerdung herbeizuführen. Wieder gibt es andere Tiere, deren Organe auf die Aufnahme gemischter Kost ebenso eingerichtet sind wie die der Menschen, erhalten sich doch selbst Raubtiere in der Domestikation oder in der Gefangenschaft recht gut bei teilweiser Fleisch- und teilweiser Pflanzenkost. Allein kein Tier hat sich von diesen Fesseln der Natur durch eigene Kraft emanzipiert; und diese Kraft, die dem Menschen zur Verfügung stand, war die größere Wahlfähigkeit, d. i. die Fähigkeit nicht nur eines Vergleiches zwischen zwei gleichzeitig gegebenen Dingen, sondern auch der Erkenntnis der entfernteren Wirkungen dieser Wahl. Wie schwierig und wie langsam sich diese Erkenntnis entwickelte, haben wir an der Entstehung des Eigentumbegriffes gezeigt. Das Tier hat nie Werkzeug und Eigentum erfunden, weil in seinem Intellekte nie der Zweckbegriff aufgeflammt ist. Daher ist aber auch das Tier zu einer eigentlichen, wenn auch noch so primitiven Herrschaftsform (vereinzelte Fälle von Domestikation und Quasi-Sklavenhaltung ausgenommen) nicht vorgeschritten.

Und so sprechen alle Tatsachen schon der frühesten Gesellschaftsentwicklung die gleiche deutliche Sprache, daß es das kausale Denken, das Wahlvermögen, das Zweckbewußtsein war, durch welches sich die menschliche Gesellschaft ein für allemal über die tierische erhoben hat. Daß auch dieser Prozeß zuletzt wieder auf physiologische Bedingungen zurückgehen kann und keineswegs etwa einen eigenen Schöpfungsakt zur unerläßlichen Voraussetzung haben muß, braucht hier nicht erörtert zu werden. Jedenfalls weisen alle Tatsachen, und die der uns umgebenden Gegenwart stärker als die graue Vergangenheit, darauf hin, daß die socialen Fortschritte unlösbar verknüpft sind mit einer fortschreitenden Veränderung und Veredelung aller übrigen Lebensformen überhaupt, und daß der physiologische, psychologische, ethische und sociale Entwicklungsprozeß ein Einheitsprozeß ist. Der Mensch hat sich von einer rein biologischen Existenz zu einer vernünftigen, sittlichen und socialen Existenz erhoben, er ist ein persönliches Wesen geworden.

II.

Es gibt bewußt, absichtlich und planmäßig herbeigeführte Veränderungen der gesellschaftlichen Formen und Zustände. Die so entstandenen Formen sind darum aber nicht minder natürliche Wesen; es ist ja der Baum, der im Treibhause gepflanzt und gezogen wird, nicht im geringsten weniger natürlicher Organismus, als der Pflanzenriese, der im Urwald ohne menschliches Zutun aus dem geborstenen Leib eines anderen vom Sturm dahingestreckten Baumes gewachsen ist, und das zahme, vielleicht planmäßig gezüchtete und dressierte Haustier ist nicht weniger Tier als sein wilder Bruder in den Prärien oder in den Pampas. Die natürliche Entwicklung wird durch die Zucht nicht behindert oder aufgehoben, sondern im Gegenteil gefördert und die Kultur schließt die Natur nicht aus, sondern ein. Kultur ist eben nur die plan- und zweckmäßige Anwendung und Ausnutzung der Natur, die vollständige Entfaltung der Natur im Lichte der Erkenntnis.

Wenn es also auch eine sociale Kultur gibt, so stellt diese gegenüber dem socialen Naturzustande kein Minder, sondern ein Mehr dar. So wie der Mensch seine Stellung in der Natur nicht dadurch verliert, daß er über den Urgrund alles Seins nachzudenken und die Entfernung zweier Sonnen voneinander zu messen vermag, so verliert die Gesellschaft nichts von ihrem natürlichen Charakter dadurch, daß sie nicht ausschließlich von tierischen Trieben regiert wird, daß sie nicht ausschließlich eine Kette blinder Nachahmung ist, sondern daß dies ängstlicheherne Band des Instinktlebens von Zeit zu Zeit durch einen kühnen Griff der menschlichen Vernunft von seiner Stelle gerückt und gelöst wird. Wir haben bereits im ersten Bande auf die Bedeutung der Erfindung neben der Nachahmung hingewiesen. Ist die Nachahmung der psychologische Repräsentant des socialen Trieblebens, wie wir es im vorigen Kapitel dargestellt, so ist die Erfindung ein Kind der Vernunft und bedeutet das schöpferische Prinzip. Im übrigen sind auch hier die Grenzen nicht so scharf gezogen. Es gibt einerseits auch eine absichtliche, plan- und zweckmäßige Nachahmung, die sich oft auch schon auf den tiefsten socialen Entwicklungsstufen äußert, und andrerseits ist auch die Erfindung nicht immer die Frucht einer planmäßigen Geistesarbeit, ja sie ist es auch unter fortgeschrittenen Verhältnissen nur in den seltensten Fällen; der Mensch ist immer mehr Finder als Erfinder, erst durch die absichtliche Nachahmung wurde die Findung zu einer Erfindung. Daß der Fidschi-Insulaner, welcher sein Weib fressen will, diesem befiehlt, vorher noch das Feuer zu bereiten, in dem es selbst schmoren sollte, das mag uns wenig genial und auch wenig menschlich scheinen. Gleichwohl käme das Tier nie auf einen solchen Einfall. So sehr wir uns über die Grausamkeit dieses herzlosen Naturburschen entsetzen mögen, so muß man doch bei ruhiger Erwägung zugeben, daß der Fidschi-Insulaner im Vergleiche mit irgend einem anderen „Wilden" oder mit dem Tiere, das über seinen Feind herfällt und ihn einfach verzehrt, einen unmeßbaren Fortschritt gemacht hat, daß in ihm der erste Funke eines neuen Lichtes aufsprüht; er hat die Erfindung — oder wenn man will die Entdeckung — gemacht, daß der Mensch, so lange er lebt, immer noch dem anderen nützlich sein könne. Dieser Gedanke war nicht das Werk einer mühsamen Überlegung, aber er wurde in seiner Nützlichkeit von anderen erkannt und von diesen zur Richtschnur des Handelns gemacht und erst durch diese bewußte Nachahmung wurde jener Gedanke zu einem wirklichen Fortschritte der Menschheit.

So wie sich eine Grenze zwischen der ungesuchten, unbeabsichtigten, von der gesuchten, zielbewußten Nachahmung nicht ziehen läßt, so läßt sich auch keine Scheidewand aufrichten zwischen dem zufälligen Finden und dem bewußten Erfinden, dem planmäßigen Suchen neuer Formen, und so besteht denn auch kein wesentlicher Unterschied zwischen dem erwähnten Fidschi-Insulaner und dem Weltverbesserer, der die ganze Gesellschaft nach einem Ideale und geistigen Plane umgestalten will, dem kühnen Staatsmann und Politiker, der mit weit ausblickendem Auge der socialen Entwicklung für Jahrzehnte Richtung gibt, dem Propheten und Priester, der die ganze Welt bloß als eine Vorbereitungsstätte für eine andere bessere Welt einrichten möchte.

Wir haben — wenigstens an dieser Stelle — nicht den Inhalt dieser Ideen und noch weniger ihren Wert zu untersuchen. Vielleicht stellt sich dann heraus, daß was an ihnen neu und Werk des sogenannten schöpferischen Geistes ist, auch schlecht und unbrauchbar ist und daß das Gute und die sociale Entwicklung Bestimmende nur einen winzigen Bruchteil der großen Idee bildet und obendrein aus dem geistigen Vermächtnis früherer Geschlechter geschöpft ist. Aber darauf kommt es auch gar nicht an, weil uns nicht der wirkliche Urheber der Idee, sondern diese selbst interessiert. Daß aber solche Ideen da sind und daß sie bestimmenden Einfluß auf die sociale Entwicklung nehmen, ist einfach eine Tatsache. Ja, es ist sogar ganz irrelevant, ob diese Ideen vollkommen oder teilweise irrig sind, auf falschen Voraussetzungen beruhen und zu falschen Folgerungen führen, gar nicht oder nur in sehr beschränktem Maße verwirklicht werden können. Der Wert einer Idee für die sociale Entwicklung liegt nicht in ihrer objektiven Giltigkeit und Unanfechtbarkeit, sondern in dem Maße socialer Energie und Bewegung, die sie auszulösen imstande ist. Die ganze religiöse und theologische Weltanschauung war Irrtum, beruhte auf Irrtum und führte zu Irrtum und doch hat sie wie kein zweiter Faktor, fast ebenso mächtig wie der Hunger, die sociale Entwicklung bestimmt. Das christliche Gesellschaftsideal wurde nie durchgeführt und war auch ganz undurchführbar und doch wurde es einer der mächtigsten Hebel der modernen gesellschaftlichen Entwicklung. Die Lehre vom Gesellschaftsvertrag war eine kindische Fiktion, die aber auf die Gesetzgebung mehrerer Jahrhunderte einen bestimmenden Einfluß genommen hat, und ähnlich steht es mit unseren socialistischen und anarchistischen Idealen.

Es ist also nicht einmal die Richtigkeit und Tüchtigkeit einer Idee, welche ihre sociale Bedeutung ausmacht, sondern diese Bedeutung liegt in der bloßen Tatsache, daß Ideen bestehen, daß der Mensch die Fähigkeit besitzt, sich über diese Welt des Seins, die ihn umgibt, zu erheben, in seinem Haupte eine neue Welt nach seinem Wunsch und Willen zu erschaffen, und dieser als einer neuen besseren Welt zuzustreben, seine Umgebung langsam oder mit kühnem Ruck anzupassen.

Wir haben im vorhergehenden Kapitel gesagt, daß, wenn es von der Vernunft abhinge, es nie zu einem socialen Leben käme. Der Ursprung des geselligen Lebens ist in den Trieben zu suchen. Aber die Vernunft vermag für das sociale Leben anderes, wozu die Triebe nie hinreichen würden. Die Vernunft ist Irrungen ausgesetzt, der Trieb nicht. Aber der Irrtum kann, wie gezeigt, eine geradezu schöpferische Gewalt besitzen, während die Triebe unfruchtbar sind. Indem sich der Mensch, ganze Zeiten und Völker, ein ideales Bild von den Aufgaben der Menschheit und der menschlichen Gesellschaften machen, irren sie vielleicht, ja höchst wahrscheinlich in der Mehrzahl der Fälle. Aber sie ziehen aus diesem Wahn die Kraft, sich aus der Sphäre des tierischen Dahinlebens in eine höhere, leichtere Region zu erheben, das gewaltigste was es gibt, die eigenen Triebe zu besiegen und selbst den stärksten und allgewaltigsten, den Trieb zum eigenen Leben. Nur für ein Ideal vermag ein Mensch, vermag eine ganze Generation, ein Volk kalten Blutes sich dem vernichtenden Feuer der Geschütze auszusetzen, unter Gesang und lächelnden Blickes zum Scheiterhaufen oder zur Guillotine zu ziehen. Und nur, wo dieser Opfermut, diese Hingebung, diese Überwindung der natürlichsten Triebe möglich ist, können große Taten und Umwälzungen vollbracht werden, wie sie den socialen Fortschritt bezeichnen. Was ist aber Überwindung der Triebe durch die Vernunft anderes als — Sittlichkeit. Ohne Vernunft gibt es keine Sittlichkeit, aber von der sittlichen Verfassung einer Gesellschaft hängt ihr Fortschritt ab. Das Tier kennt die Sittlichkeit nicht, es lebt bloß seinen Trieben folgend, jenseits von Gut und Böse. Darum hat es wohl eine Gesellschaft, aber diese Gesellschaft ist jedes Fortschrittes, jeder Entwicklung über den primitivsten Standpunkt hinaus unfähig.

Wenn wir also von der Bedeutung der Vernunft für das sociale Leben sprechen, so haben wir nicht daran zu denken, daß irgend ein Grübler am grünen Tisch den künftigen Plan einer Gesellschaft ausheckt, den vielleicht schon die nächste Generation für unausführbar, weil naturwidrig erkennt. Die vernünftige Existenz der socialen Glieder bedeutet ihre sittliche Existenz. Die Gesellschaften sind nicht von Natur aus sittliche Wesen, aber sie vermögen sich in solche umzuwandeln.

III.

Versuchen wir alles das, was wir auf rein empirischem Wege über die Natur der Gesellschaften ausgemacht haben, zusammenzufassen, so finden wir, daß die Gesellschaft, von den verschiedenen Standpunkten aus gesehen, sich zwar immer als etwas anderes darstellt, daß sich aber die also gewonnenen Begriffsbestimmungen nicht nur nicht ausschließen und widersprechen, sondern daß erst aus der Zusammenfassung dieser Bestimmungen ein vollständiges Bild der menschlichen Gesellschaft entsteht. Die menschlichen Gesellschaften sind zusammengesetzte, lebensvolle Einheitswesen, die einem natürlichen Trieb des Menschen zur Geselligkeit ihre Existenz verdanken und durch die vernünftige Ausbildung der funktionellen Beziehungen geeignet sind, ihre Mitglieder einer stets wachsenden Vollkommenheit in materieller und moralischer Hinsicht zuzuführen.

Der sociale Prozeß, dieser unendlich rastlose Wandel, kann in jedem Augenblick von den verschiedensten Seiten betrachtet werden: als ein physikalischer Vorgang, der sich im Raume an Körpern vollzieht, als ein Akt der Zuchtwahl und als ein ewiges Umsetzen von Sein in Sollen,

Sollen in Sein. Objektiv betrachtet, erscheint er uns als die wirtschaftliche und politische Entwicklung, subjektiv als der Kampf der Triebe und Ideen. Aber diese Erscheinungsformen lassen sich voneinander weder trennen, noch läßt sich sagen, daß die eine älter sei als die andere. So wie es ein verhängnisvolles Beginnen war, die Kraft vom Stoff, die Seele vom Körper, Gott und die Welt zu trennen, so gefährlich wäre es, die natürliche und die sittliche Existenz der Gesellschaften zu scheiden. Nicht nur, daß dieses die Gefahr in sich schlösse, daß der eine bald nur diese, der andere bald nur jene Daseinsform anerkennen würde — wie es ja tatsächlich geschehen —, wäre eine solche Scheidung auch nie scharf durchzuführen. Die socialen Gebilde führen eben eine Einheitsexistenz; sie sind wie alle Natur

weder Kern noch Schale,
alles sind sie mit einemmale.

Die menschliche Gesellschaft ist nie — auch in der Horde der Feuerländer nicht — ein Wesen, das sich mit Hülfe der bloßen Physik oder Biologie begreifen ließe, aber auch nie — selbst in den allermodernsten Zweckvereinigungen nicht — eine purblanke Organisation, die aus dem Geiste des Menschen, gewappnet wie Pallas Athene, hervorspränge, ein Wesen, das bloß dem Kommando der menschlichen Vernunft folgen würde.

Nicht in der Vermischung und Verwechslung der verschiedenen Daseinsformen, nicht in der Unterscheidung derselben als entgegengesetzter einander ausschließender Formen, nicht in der Eliminierung der einen zu Gunsten der anderen, sondern in der Erkenntnis der Einheit aller liegt die Erkenntnis von der wahren Natur der socialen Gebilde und des socialen Lebens.

Fünfter Teil.

Sociale Kräfte und Gesetze.

Fünfzehntes Kapitel.

Die sociale Kraft.

I.

Die Gegner der Sociologie machen ihr den Vorwurf, daß sie die in den socialen Gebilden wirkenden Kräfte nicht genau anzugeben wisse. Und der Vorwurf ist, so hart er klingt, nicht unberechtigt. Die Sociologen haben sociale Gesetze in Hülle und Fülle aufgestellt, ohne sich bekümmert zu haben, welches die wirkenden Ursachen und treibenden Kräfte des socialen Lebens sind.

In früheren Zeiten machte man sich über diese Frage wenig Gedanken. In den Epochen des reinen Herrschaftsstaates galt es für Machthabende und Untertänige, für Staatsmänner und Gelehrte als ziemlich ausgemacht, daß die bestimmende und treibende Kraft in den Staaten die Willkür des Herrschers sei, mochte derselbe nun eine Klasse oder eine einzelne Person sein. „Sic volo, sic jubeo, stat pro ratione voluntas“ — und „Regis voluntas suprema lex“ — das waren die letzten Worte der absolutistischen Staatsweisheit vom grauen Altertum bis in die jüngste Neuzeit. Daß es neben dem Willen und der Willkür des Herrschers noch eine andere treibende und bestimmende Kraft geben könne, wagte und wagt der richtige Untertanenverstand auch heute noch nicht zu denken. Ein Fortschritt konnte die christliche Lehre scheinen, daß Gott die Quelle auch aller staatlichen wie jeder anderen Macht sei; damit war wenigstens anerkannt, daß die bestimmende und wirksame Kraft in der menschlichen Gesellschaft etwas Höheres als die Willkür eines einzelnen sein müsse. Zu einer praktischen Durchführung und daher auch zu einer inneren Entwicklung dieser Anschauung ist es indes in den christlichen Kirchen nicht gekommen. Eine wirklich grundstürzende Änderung in den Meinungen über den socialen Kraftpunkt trat erst mit der politischen Aufklärung und Revolution des XVIII. und XIX. Jahrhunderts ein. Mit der Lehre von der Souveränität der Völker, mit der theoretischen und praktischen Durchführung des Satzes: „Alle Macht geht vom Volke aus“ wurde auch die Erkenntnis allgemein, daß das Bestimmende und Wirksame in der menschlichen Gesellschaft nicht in der Willkür einer Person, sondern in dem Willen der die Gesellschaft bildenden Gesamtheit zu suchen sei. Allerdings war diese Vorstellung von dem „Volkswillen“ immer noch recht vage und unklar. Ganz im Geiste der damals unbestritten herrschenden Intellektualphilosophie zweifelte man auch nicht einen Augenblick daran, daß die Vernunft, „der Geist“ des Volkes das Wirkende und Bestimmende im socialen Leben sei. Das Volk wurde als Quelle aller politischen Weisheit angesehen, und ein Zweifel an dieser Weisheit galt und gilt auch heute noch als eine Todsünde an den Grundsätzen der politischen Freiheit. Noch Comte war der Meinung: l'intelligence préside à la vie sociale et a plus forte raison à la vie politique. Das entsprach ganz der gleichzeitigen deutschen Geschichtsphilosophie, die als treibende sociale Kraft die „Vernunft“ angenommen hatte. Der englische Positivismus (Buckle, Mill, Spencer) hatte die Triebkräfte des socialen Lebens in die natürlichen Bedingungen desselben, in das Milieu verlegt und alle Vorgänge der socialen Entwicklung aus diesem Milieu zu erklären gesucht. Als eine philosophische Durchbildung dieser Anschauung im Geiste der junghegelschen Dialektik muß der historische Materialismus angesehen werden, welcher in den Produktivkräften, also im Grunde auch im Milieu das sociale Agens sucht. Gegen diese Theorien ist in allerneuester Zeit von Frankreich und Deutschland her (Gobineau, Dühring, Ammon, Wirth, Chamberlain, Driesmans) eine andere ins Feld geführt worden, die die socialbildnerische Kraft nicht in einem außerhalb der eigentlichen Gesellschaft liegenden Faktor, sondern im Blute selbst, in den rassenmäßigen Anlagen sehen will.

Bevor wir zur positiven Beantwortung der uns gestellten Frage nach der socialen Kraft schreiten, wird es sich, wie schon in anderen Kapiteln, empfehlen, eine kurze Kritik dieser früher vertretenen Ansichten über den gleichen Punkt zu liefern. Auch hier will ich bei meiner zu Beginn dieses Buches geäußerten Anschauung beharren, daß in jeder Meinung ein Stück von der Wahrheit stecke, daß sie aber, weil sie eben Meinung ist, nicht die Wahrheit selbst bedeute. Unzweifelhaft sind alle die hier genannten

Faktoren — Vernunft, Wille, Milieu, Produktivkräfte, Triebe und Rassen — bewegende Ursachen des socialen Lebens, also Kräfte.

Kraft bedeutet im allgemeinen Sinn nichts als Ursache. Im strengeren Sinn freilich bedeutet Kraft die letzte Ursache, welche die kausale Quelle der allgemeinsten, unserer Beobachtung noch zugänglichen Erscheinungsformen ist. So sind Bewegung, Wärme, Licht, Elektrizität allgemeine Zustände, welche die Ursache der vielfältigen physikalischen Erscheinungen sind, daher Kräfte im weiteren Wortsinn genannt werden können. Sie sind aber eigentlich selbst nur die ersten uns wahrnehmbaren Erscheinungsmodalitäten einer unserer unmittelbaren Wahrnehmung sich verschließenden letzten Ursache, der Kraft im engeren Sinne.

Die oben angeführten Meinungen sind also insofern alle im Rechte, als sie Faktoren betreffen, welche wichtige bewegende Ursachen des socialen Lebens sind. Sie irren jedoch alle, insofern eine jede ihren Faktor als letzte und einzige Ursache hinstellt, während dies kein einziger von allen ist, und insofern sie also die Tragweite der betreffenden Kräfte meist arg überschätzen.

Inwieweit dies hinsichtlich der Vernunft und des Willens der Fall ist, haben wir bereits eingehend besprochen. Auch einer Kritik des historischen Materialismus glauben wir uns angesichts unserer Ausführungen im 12. und 13. Kapitel überhoben. Dagegen dürften ein paar kritische Bemerkungen über die Milieu- und über die Rassentheorie sehr am Platze sein. Die eine bekämpft nämlich die andere sehr heftig, wodurch immer die Vermutung nahegelegt wird, daß beide Theorien ein und dieselbe Sache von entgegengesetzten Seiten betrachten, ohne zu merken, daß sie es mit demselben Ding zu tun haben.

Die Milieutheoretiker behaupten, daß es die örtlichen und klimatischen Verhältnisse, unter denen eine Gesellschaft lebt und sich entwickelt, seien, was die Gestaltung des socialen Prozesses beeinflußt und zwar in erster Linie und ausschließlich beeinflußt. Demgegenüber behaupten nun die Rassentheoretiker, daß der Mensch umgekehrt das Milieu nach seinen Fähigkeiten umzubilden in der Lage sei, daß sich die edle Rasse ein passendes Milieu schaffe, indem sie Wüsteneien in gesegnete Striche verwandelt, während eine unfähige Rasse Paradiese in Wüsten verwandelt. Was ist nun da das Richtige? Wie gesagt: beides und keines. In dieser Allgemeinheit jedenfalls keines. Vor allem kann die sociale Bedeutung des Milieus nicht in Abrede gestellt und muß zugegeben werden, daß sich die meisten „biographischen“ Vorgänge der Geschichte eines Volkes, diejenigen nämlich, welche nicht auf die allgemeine Gesetzmäßigkeit, sondern auf die Besonderheit einer Entwicklung Bezug haben, nur durch das Milieu, das ja auch immer ein Besonderes ist, erklären lassen. Die örtlichen und klimatischen Verhältnisse bestimmen oder modifizieren vielfach den physiologischen Charakter und damit auch die psychologischen Eigenschaften der Bewohner; sie bestimmen die Dichtigkeit der Population, den Grad ihres Expansionsbedürfnisses, den Grad ihres Defensivbedürfnisses, sie bedingen die wirtschaftliche Entwicklung und Wirtschaftsform, die Form des Zusammenwohnens und damit den Grad der Geselligkeit u. s. w. Gleichwohl kann man hier nicht von socialen Kräften sprechen, sonst könnte man die Elektrizität und den Dampf, die ja gewiß grundstürzende sociale Umwälzungen hervorgebracht haben, gleichfalls sociale Kräfte nennen. Sie wirken nur mittelbar an der socialen Entwicklung mit, insofern sie den Menschen bestimmen, verändern, beeinflussen. Deshalb wollen wir diese Verhältnisse mit Spencer lieber „mitwirkende Faktoren“ nennen. Das macht es dann auch weniger empfindlich, wenn diese Faktoren gelegentlich von dem Menschen vollkommen in ihr Gegenteil verwandelt werden. Etwas „Primäres“ sind sie jedenfalls nicht, für die Gesellschaft schon deshalb nicht, weil sie außerhalb der eigentlichen Gesellschaft liegen und die Gesellschaft das Milieu meistens zu wechseln in der Lage ist.

Was nun die Rassentheorie betrifft, so ist sie in letzter Zeit mit riesigem Applomb aufgetreten und mit der Prätention, alle übrigen Methoden der Socialforschung überflüssig zu machen. In einem merkwürdigen Mißverhältnis zu dieser Selbstgefälligkeit steht nun aber der wissenschaftliche Wert der „Theorie“ selbst. Vor allem andern: so unzweifelhaft fest die Tatsache des Rassengefühls steht, so unzweifelhaft, so leicht zu beobachten und zu studieren es ist, so zweifelhaft steht es um die Tatsache der Rasse selbst. Schon der Begriff dessen, was Rasse ist, ist keineswegs so über jeden Streit erhaben. In dem von uns akzeptierten Sinn, als Typus, der durch eine bestimmte Anzahl und Anordnung von Eigenschaften physiologischer und dementsprechend auch psychologischer Natur gebildet wird, die sich bei den Mitgliedern einer bestimmten Gruppe relativ häufiger finden als bei den Mitgliedern einer anderen Gruppe — in diesem Sinne wird die „Rasse“ kaum ausreichen, all die Wunder der Weltgeschichte und des menschlichen Kulturkampfes zu erklären, denn dann ist „Rasse“ fürs erste immer nur im kleinsten Kreise zu finden und zweitens ist sie etwas rein Fakultatives.

Die Gründe dieser Erscheinung, welche von den Rassentheoretikern selbst sehr unangenehm empfunden wird, aber offenbar nicht gedeutet werden kann, liegen in der Tat sehr nahe. Es wird nämlich nicht genau genug zwischen Art und Rasse unterschieden und man behandelt die Rassen so, als ob es sich dabei um Arten handelte. Das ist aber nicht der Fall. Die Arteigentümlichkeiten sind so, daß ein jedes normales Mitglied der Art sie aufweisen muß, widrigenfalls es eben kein Mitglied dieser Art ist. Jedes hundeartige Tier muß z. B. die bestimmte Zahnformel, oder den direkt artikulierenden Unterkiefer u. dgl. haben; hat das Tier diese Eigentümlichkeiten nicht, so ist es eben kein Hund. Dasselbe gilt von dem Gattungsbegriff nach oben, von der Spezies nach unten. Sowohl die Eigentümlichkeiten der Gattung als die der Art und der Spezies sind obligatorisch und unerläßlich. Nicht so die der Rasse. Jemand kann schwarze Haare, eine krumme Nase und Säbelbeine besitzen und nachweisbar ein unverfälschter Urgermane sein, während neben ihm ein anderer mit einer wahren Torgestalt, mit rotwallendem Haar und blauen Augen ein polnischer Jude sein kann.

Gibt es also keine Rasseneigentümlichkeiten oder gar keine Rassen? O doch. Es gibt Rassen, es gibt einen Versuch der Natur, auch noch unter der Art und Spezies Typen zu bilden; man sieht das ja bei den Hunde- und Pferderassen; aber dieser Versuch ist gewissermaßen nicht ganz ernst, er ist nur ein spielerischer, daher auch das schöne und bezeichnende Wort „Spielarten“, das oft für „Rassen“ verwendet wird. Rassen sind sozusagen Anläufe oder Versuche der Natur zur Artenbildung, die entweder noch nicht abgeschlossen oder unfertig liegen geblieben sind, die nicht zu jener Fixierung des Typus geführt haben wie die Arten. Die Art ist in sich vollkommen geschlossen, auch sexuell; bei den Rassen fließt alles. Wenn man heute drei Pferderassen, an deren Züchtung Natur und Menschen tausende Jahre gearbeitet, in einer Hürde zusammensperrt, so wird man nach einem Jahre statt der drei Rassen ein unentwirrbares Chaos von Spielarten haben. Man versuche es, drei Arten von Affen zusammenzusperren und man wird sofort den Unterschied begreifen. Diese Tatsache erklärt ganz einfach und ungezwungen die von den Rassentheoretikern so bitter empfundene Unmöglichkeit, die Rasseneigentümlichkeiten genau zu fassen. Im ganz kleinen Kreise, in welchem der eigene Blutkreis noch streng aufrecht erhalten wird, ist die Beobachtung von Rassenmerkmalen immer noch möglich, freilich immer mit der Einschränkung, daß das Rassenmerkmal nicht unerläßlich und nicht dauerhaft ist, wie das Artmerkmal. Die sogenannten deutschen Stämme, die freilich schon sociale Gebilde von der größten Kompliziertheit darstellen, die Bayern, Schwaben, Alemannen u. s. w., haben sich in ihrem somatischen Typus und auch in ihren geistigen und sittlichen Anlagen durch Jahrhunderte leidlich rein erhalten, obwohl sie im freundlichsten Verkehre miteinander lebten, weil der Blutkreis im großen und ganzen doch die Grenzen des Stammes einhält. Man kann also sehr gut von einer schwäbischen und von einer friesischen Rasse sprechen. Aber je größer der Kreis wird, den man vor Augen hat, desto mehr nehmen diejenigen Merkmale, welche wenigstens der Mehrheit eigen sein sollten, an Zahl ab, sodaß schließlich nichts mehr übrig bleibt als eine gewisse sprachliche Verwandtschaft, die allerdings in den meisten Fällen auf gemeinsame Abstammung schließen läßt, die aber bekanntlich kein Rassenmerkmal ist.

Ist es aber schon sehr schwer oder garnicht möglich, einen deutschen Rassentypus festzustellen, so wächst die Unmöglichkeit, wenn man z. B. sagen soll, welches die Eigentümlichkeit der germanischen oder gar der arischen Rasse seien. In der Tat machen die Rassentheoretiker garnicht den Versuch, zu sagen, was Arier seien. Bisher galt als das verläßlichste anthropologische Mittel zur Bestimmung der Rasse immer noch die Schädelmessung. Der Langschädel galt als der spezifische Typus der arischen, der Kurzschädel als der der mongolischen Völker. Die wissenschaftliche Anthropologie hat nun schon seit längerer Zeit auch an der Verläßlichkeit dieser Unterscheidung zu zweifeln begonnen. Ob bloß unsere Beobachtungen jetzt genauer sind oder ob sich tatsächlich Langschädel in Kurzschädel und umgekehrt verwandeln, ist ganz nebensächlich. Jedenfalls muß Driesmans in seinem neuesten Rassenwerk[1]) gleichfalls zugeben: „Und so erleben wir denn das überraschende Schauspiel, daß in der ‚Heimat der Langköpfe, — wenn wir unsern Erdteil so nennen dürfen — die Rundköpfigkeit bereits höher gestiegen ist als in ihrem asiatischen Mutterland. Die europäischen Rundköpfe weisen einen höheren Schädelindex auf, d. h. sie sind in stärkerem Maße rundköpfig als die typischen Rundköpfe Asiens, die Mongolen."

Angesichts eines solchen Eingeständnisses muß man es freilich Chamberlain verzeihen, wenn er die Suche nach körperlichen Rassenmerkmalen aufgibt und die Rassenzugehörigkeit einfach nach dem Gefühl und mit dem Gefühl entscheidet, und wenn Driesmans etwas wissenschaft-

---

[1]) Rasse und Milieu. Berlin 1902. S. 57.

licher die Rassenhaftigkeit eines Volkes als „seine typisch in sich gefestigte Natur" bezeichnet. Dann aber ist die Rasse auch nicht mehr ein „anthropologischer Begriff", und mehr als das, sie ist auch nichts Naturgewachsenes, nichts Uroriginäres mehr, sondern das Produkt der Zuchtwahl, womit die ganze Rassentheorie über den Haufen fällt.

Zu diesem Resultat gelangt die Rassentheorie aber auch, wenn sie daran geht, den Ursprung der Rassen zu erklären. Die alten Milieutheoretiker suchten die Verschiedenheiten der physischen und psychischen Eigenschaften eines Volkes von den Einflüssen der sie umgebenden Natur abzuleiten, also durch Zuchtwahl, wie wir jetzt sagen. Dieser Auffassung trat die Rassentheorie schroff entgegen, indem sie die Rasse als das Primäre, Bestimmende, Ausschlaggebende bezeichnete. Das Milieu macht nicht den Volkscharakter, sondern eher umgekehrt, eine Rasse macht sich ihr Milieu. Woher aber die Rassen. Sind also die heutigen Rassen Urrassen? Wir haben im ersten Bande[1]) das Unhaltbare einer solchen Annahme bewiesen und auch die modernen Rassentheoretiker können diese Hypothese nicht mehr halten. Urrassen — räumen sie ein — gebe es natürlich heute nicht mehr; alle in historischer Zeit auftretenden Rassen seien metamorphe, gewordene Rassen, aber durch das „Urmilieu" aufgezüchtet. Das ist aber gar kein Ausweg. Denn das „Urmilieu" ist eben doch ein Milieu und die Rassenhaftigkeit sonach eine Frucht der Zuchtwahl, also eine sekundäre Erscheinung.

Ebenso unhaltbar ist die von allen neueren Rassentheoretikern als letzte Position bezogene Annahme von den qualitativen Unterschieden der Rassen. Wenn es auch nicht möglich ist, verläßliche körperliche Rassenmerkmale festzustellen, und wenn es auch keine Urrassen, keine „reinen" Rassen im Sinne der Unvermischtheit gibt, so gibt es doch eine Zucht, welche ebensogut zu einer edlen, als zu einer minderwertigen Rasse führen kann. Es ist nach Driesmans die „rassebildende Kraft", die in der beständigen Blutkreuzung und Blutmischung liegt. Aus dem ewig fließenden Blutstrom erwächst die Kraft der Rassen, aber auch ihre Unkraft. Vermischen sich Rassen, die einander zu ferne stehen oder edle Rassen mit minderwertigen, so gibt dies eine schlechte Zucht, die nie etwas Großes für die Menschheit leisten wird. Nur „rein gezüchtete" Rassen sind „höherwertige" Rassen. Also nicht mehr reine Rassen, sondern rein gezüchtete Rassen, lautet heute das Feldgeschrei. Demgegenüber ließe sich

---

[1]) Vgl. I. Band S. 178 ff.

kurz einwenden, daß reingezüchtete Rassen aber doch gezüchtete Rassen bleiben. Viel wichtiger aber ist die Frage, was ist denn eine „edlere“ Rasse und worin liegt der Wert einer Rasse? Man wird auf die Tier- und Pflanzenrassen hinweisen, die ja gewiß gewertet werden können. Allein man vergesse nicht, daß der Wertende hier der Mensch ist, der die Hunde, Pferde oder Tulpen abschätzt, je nachdem sie seinem Geschmacke, seiner Absicht, seinem Bedürfnis mehr entsprechen oder nicht. Wer schätzt aber die Menschenrassen ab und woher nimmt er den Maßstab, um sagen zu können, das ist eine edle Rasse und das nicht? Von objektiven Merkmalen? Es gibt keine solchen, wie wir gezeigt haben. Von der Kulturtätigkeit eines Volkes? Ja, wie will man aber zwei Kulturen vergleichen und mehr noch aneinander messen! Ist es denn gar so einfach zu sagen, ob die Kultur der hamitisch-semitischen Babylonier oder Assyrer größer oder kleiner als die der arischen Perser war, ob die Azteken eine edlere Rasse waren als die Punier, oder ob die Kultur des mongolischen Ostasien der des arischen Europa überlegen oder unterlegen ist? Und abgesehen von diesen Schwierigkeiten, über die sich ein Politiker sehr leicht, ein Forscher nie hinwegsetzen kann, ist es denn so ausgemacht, daß ein Volk, weil es z. B. der räumlichen Entfernung wegen, nicht in den Kreis der Kulturvölker treten konnte, deshalb ein minderwertiges Volk sein müsse? Wo liegt also der Maßstab für die qualitative Wertung zweier Völker? Chamberlain hält das für sehr einfach. Was der Gelehrte nicht mit „Metermaß und Schrauben“ bestimmen kann, das erkennt sofort der „Blick des Züchters“, „der Instinkt des Kindes“. Man wird es der wissenschaftlichen Sociologie verzeihen, wenn sie Theorien, die auf solchen Grundlagen errichtet sind, vorderhand auch den „Züchtern“ und „Kindern“ überläßt. Wir haben dieser Theorie nur deshalb eine so eingehende Kritik gewidmet, weil sie heute sehr weit verbreitet ist und nicht bloß in den Köpfen von Laien, sondern selbst in wissenschaftlich gebildeten Hirnen beträchtliche Verheerungen anrichtet.

Als eine sociale Kraft können wir die Rasse nicht ansehen. Alles, was wirksam in der Rasse ist, reduziert sich auf die Kraft der socialen Triebe und vererbten Anlagen, denen wir bereits den richtigen Platz im System der socialen Entwicklung zugewiesen haben.

II.

Wenn wir die hier besprochenen Faktoren klassifizieren wollen, so kommen wir zu drei Gruppen von Faktoren, welche bestimmend auf die Entwicklung der Gesellschaften einwirken:

A. die Produktivkräfte, unter welchen wir alles das zusammenfassen, was man das Milieu im weiteren Sinne nennt, die örtlichen und klimatischen Verhältnisse einer Gesellschaft, die Ertragsfähigkeit des Bodens für das organische Leben, sein Reichtum an Metallen, brennbaren Stoffen, die Nähe motorischer Kräfte u. s. w., kurz all das, was es der Gesellschaft ermöglicht oder erschwert, Kräfte von der umgebenden Natur zu entlehnen und der Produktion von lebensnotwendigen und lebenfördernden Gegenständen zuzuwenden.

B. die socialen Triebe. Dieser Gruppe von Kräften, die wir bereits eingehend besprochen haben, zählen wir — wohl auch ohne den Widerspruch der Rassentheoretiker — die Rassenanlagen zu. Und

C. die Ideen. Unter Ideen verstehe ich in weiterem Sinne eigentlich das gesamte syllogistische Denken, welches nach der im 14. Kapitel dargestellten Weise die sociale Entwicklung beeinflußt. Im eigentlichen Sinne sind aber hier unter Ideen jene höchsten und allgemeinsten Begriffe gemeint, welche einer ganzen Zeit oder einer bestimmten Gesellschaft als letztes, strebenswertestes Ziel der Entwicklung vorschweben (Freiheit, Gleichheit, Brüderlichkeit. — Der gottgewollte Zustand der Gesellschaft, civitas Dei — Wohlfahrt, Gerechtigkeit, Friede u. s. w.). Man nennt sie bald religiöse, bald politische, bald wirtschaftliche Ideen, je nach der geistigen Verfassung der Zeit. Sie sind aber in jedem Falle ethische Ideen, da sie die sociale Tätigkeit im Sinne eines Strebens nach dem Seinsollenden, im Sinne einer höheren socialen Pflicht oder Verantwortung beeinflussen.

Wenn wir diese drei Gruppen von Faktoren genau betrachten, werden wir finden, daß sie keineswegs gleichartig und gleichwertig sind. Am allerwenigsten aber kann man alle drei einfach mit dem Sammelnamen „sociale Kräfte“ zusammenfassen. Welches die letzte bewegende Ursache der socialen Erscheinungen ist, wissen wir nicht; ignorabimus. Nicht aus einem besonderen Unvermögen unserer Wissenschaft, sondern aus einem rein logischen Grunde. Diese letzte Kraft ist eben nach unserer eigenen Setzung die große Unbekannte, die für uns in demselben Momente, als sie bekannt würde, aufhörte, die letzte Kraft zu sein, da wir sofort hinter ihr eine höhere wieder unbekannte Ursache annehmen müßten. Die exakte Wissenschaft nimmt diese Urkraft, Energie einfach an, da ihre Existenz nicht in Zweifel gezogen werden kann, dagegen setzt ihre Forschung erst mit den letzten, einfachsten und allgemeinsten Erscheinungsmodalitäten der Energie ein. Die Bewegung, die Wärme, das organische Leben sind Tatsachen der Erfahrung und doch die primärsten Erscheinungsmodalitäten der uns ihrem Wesen nach unbekannten Energie.

Die allgemeinste sociale Erscheinungsform der Energie sind die socialen Triebe. Sie allein verdienen den Namen einer socialen Kraft; sie allein sind eine allgemeine Tatsache, die bei allen Verschiedenheiten der socialen Entwicklung doch stets gegeben ist und stets in der gleichen Weise wirkt, elementar. Dazu kommt, daß die Instinkte durch und durch, auch ihrer Entstehung nach mit dem socialen Leben verwoben sind. Die Instinkte sind die als psychophysische Anlagen im Menschen hinterlegten Erfahrungen früherer Generationen,[1]) die durchlaufenen socialen Entwicklungen sind in den Trieben gewissermaßen organisch festgehalten und wirken in ihnen als sociale Kräfte weiter. Die Kraft in ihrer Einheit mit der Erscheinung wird uns auf diese Weise vollauf klar. Die durchlaufene sociale Entwicklung, organisch gebunden in den socialen Trieben, ist die treibende Kraft der weiteren socialen Entwicklung. Die beiden anderen Faktoren, Produktivkräfte und Ideen, können auf den Namen socialer Kräfte strenge genommen gar keinen Anspruch machen, die Produktivkräfte nicht, weil sie außerhalb der Gesellschaft liegen, die Ideen nicht, weil sie so recht individuellen Charakters sind. Die Produktivkräfte gehen von der außerhalb der Gesellschaft liegenden Natur, die Ideen von den die Gesellschaft bildenden Individuen aus, die Triebe allein bilden ein festes Band unter den Mitgliedern der Gesellschaft, wirken in allen und bilden das Medium, durch welches die Vernunft auf die äußere Natur und die äußere Natur auf die Vernunft wirkt. Sie bilden gewissermaßen die Umschaltestelle zwischen Außenwelt und individueller Innenwelt.

So verschieden also auch die drei genannten Faktoren sein mögen, so eng sind sie doch miteinander verknüpft, so unerläßlich sind sie alle drei für das sociale Leben. Das Maß der socialen Energie im engeren Sinne, d. h. der in einer Gesellschaft zum Ausdruck kommenden wirtschaftlichen, politischen oder ethischen Kraft, resultiert nicht allein aus der Stärke der socialen Triebe, sondern aus der Beziehung aller dreier Faktoren zueinander. Stellen wir uns die Beziehungen der drei Faktoren (A = Produktivkräfte, B = sociale Triebe, C = Ideen) in einem Kräftebild vor:

Wenn eine Veränderung der Produktivkräfte eintritt (z. B. Dürre, Erschöpfung des Bodens, u. dgl.), welche eine verminderte Energieabgabe von Seite der umgebenden Natur an die Gesellschaft bedingt, so äußert sich dies zunächst in den Trieben durch Müdigkeit oder Hunger (vermehrte Kraftausgabe, verminderte Krafteinnahme); die Alteration von A wird also

---

[1]) Ratzenhofer, G., Die Kritik des Intellektes. Leipzig 1902.

in *B* empfunden und von hier erst an *C* weitergegeben, d. h. eine vernünftige Erwägung der Ursachen und vor allem der Mittel zur Abhülfe jenes Sinkens der Produktivkräfte kann erst eintreten, wenn dasselbe triebmäßig stark genug empfunden worden ist. Ist aber in *C* ein Mittel entdeckt worden, um die gesunkenen Produktivkräfte zu heben, alte umzuwandeln, neue einzuführen (*A'*) o. dgl., so kann die Ausführung der Idee wieder nur durch *B* geschehen, denn nur durch eine sociale Betätigung ist es möglich, die umgebende Natur umzugestalten, zu verbessern, zu meliorisieren. Die Idee muß sich eben der erregten Triebe zu ihrer Ausführung bedienen. Der Weg von *A* zu *C* und von *C* zurück zu *A'* kann immer nur durch

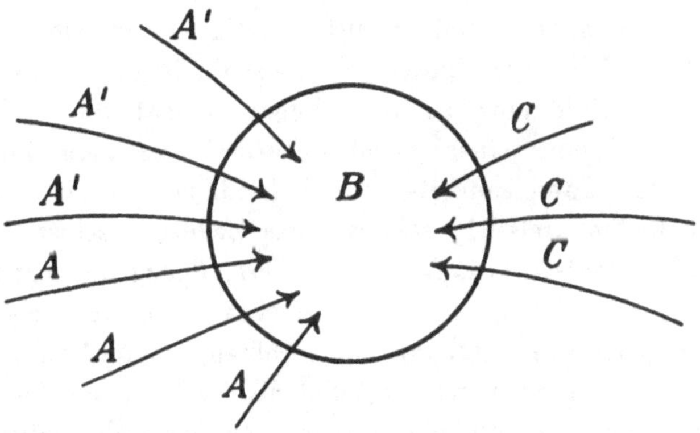

B erfolgen. Je kräftiger *B* ist, je erfinderischer also auch *C*, desto größer wird die Menge der in den Dienst der Gesellschaft zu stellenden Naturkräfte sein, desto mehr wird die sociale Energie wachsen.

Die sociale Energie erscheint entweder frei, d. h. unmittelbar sich betätigend, oder gebunden in socialen Institutionen niedergelegt. Die Schulen, öffentlichen Bauten, Sanitätseinrichtungen, Verkehrsmittel einer Gesellschaft sind Werke der socialen Energie und können auch zu einer annäherungsweisen Schätzung der socialen Energie dienen. Denn eine Gesellschaft, die viel Energie in solchen Institutionen zu binden vermag, muß auch im allgemeinen viel Energie besitzen. Der Ausdruck „gebundene" Kraft soll jedoch nicht in dem Sinne von „brachliegender" unausgenützter Kraft genommen werden. Die in den socialen Einrichtungen der obengenannten Art niedergelegte sociale Energie dient im Gegenteil der Kraftvermehrung und kann jederzeit wieder in Umsatz kommen. Die Schulen z. B. dienen dazu, die geistigen Kräfte zu vermehren, wodurch auch wieder eine rationellere Ausbeute und Umwandlung der Produktivkräfte in sociale Energie bedingt wird. Ähnliches gilt von der Festung, welche die Verteidigung ermöglichen und die Kraft der Armee stärken soll, von den Straßen und Bahnen, welche den Verkehr ermöglichen und heben und dadurch nicht bloß die wirtschaftliche Kraft steigern, sondern viel mehr noch zur Stärkung der socialen Triebe, des Zusammengehörigkeitsgefühles, des socialen Ausgleiches beitragen u. s. w. Es findet also durch diese socialen Institutionen faktisch nicht eine Absorption, sondern eine Vermehrung der socialen Energie statt und man kann daher dieselben als Kraftstapelplätze und Energiereservoire ansehen.

Die freie, d. h. unmittelbar sich betätigende sociale Energie heißt sociale Arbeit. Wie die individuelle Arbeit immer dazu dient, ein Bedürfnis des Individuums zu befriedigen, so hat die sociale Arbeit immer die Befriedigung eines socialen Bedürfnisses zum Ziel. Sociale Arbeit ist daher Energieausgabe zur Befriedigung socialer Bedürfnisse. Die Arbeit kann so vielseitig sein wie das Bedürfnis selbst, sie kann in der Wirtschaft (Staatswirtschaft), in der Verteidigung des Landes (Krieg) oder in dessen Verwaltung, oder in der Erziehung der Jugend u. s. w. liegen. Aber jedenfalls muß man sich hüten, unter Arbeit immer nur wirtschaftliche Arbeit zu verstehen, und als Maßstab der Energie immer nur den allerdings ziffernmäßig erkennbaren Wert der wirtschaftlichen Arbeit zu benutzen.

Jede sociale Einrichtung und jede sociale Arbeit repräsentiert allerdings ein gewisses Quantum socialer Energie, da aber diese immer aus dem Zusammenwirken der obengenannten drei Faktoren entspringt, so können wir dieses Quantum selbst auch nicht einmal nur annähernd bestimmen, da es ein Kräftemaß für das Triebleben und für die Ideen nicht gibt. Eduard Sacher[1]) hat es versucht, das sociologische Problem mechanisch zu fassen, d. h. auf die Umwandlung von Energie zurückzuführen. Diese Idee hätte gewiß viel mehr Beachtung verdient, als sie wirklich gefunden hat; aber Sacher verfiel in den doppelten Fehler, daß er einerseits unter Arbeit nur die wirtschaftliche Arbeit verstehen wollte und daher die Sociologie ganz in der Erörterung der nationalökonomischen Grundbegriffe aufgehen ließ, und daß er andrerseits den socialen Prozeß

---

[1]) Zu den beiden Werken: „Grundzüge einer Mechanik der Gesellschaft", Jena 1881, und „Die Gesellschaftskunde als Naturwissenschaft", Dresden und Leipzig 1899.

in mechanische Formeln und Ziffern einzufangen suchte. Sacher selbst mußte zugeben,[1]) daß die Arbeitskraft dermalen nicht meßbar sei, da uns dermalen ein Maß für die gesammelte geistige Energie fehle. Aber das hinderte ihn doch nicht, mathematische Exempel aufzustellen. Insolange dieses Maß für die gesammelte geistige Energie fehlt — und es wird vermutlich noch lange fehlen —, ist an eine Berechnung der socialen Energie und der Aufstellung von Formeln, die einen anderen als rein demonstrativen Wert haben, ein für allemal nicht zu denken.

---

[1]) „Gesellschaftskunde" S. 9.

Sechszehntes Kapitel.

Die socialen Gesetze.

(Physikalische und organische Gesetze.)

I.

Wenn man der Sociologie mit Recht den Vorwurf machen konnte, daß sie sich nie ernsthaft um die in den gesellschaftlichen Prozessen wirksamen Kräfte gekümmert habe, so konnte man ihr doch nicht nachsagen, sie habe nicht genug von Gesetzen gesprochen. Kein Wort wurde von keiner Wissenschaft so oft in den Mund genommen, wie das Wort „Gesetz“ von der Sociologie. Um die Gesetzmäßigkeit geht ja das ganze Spiel. Um die Gesetze der socialen Entwicklung zu erfahren, hatte sich ja früher die „Philosophie der Geschichte“ so bemüht, hatte man später eine neue Wissenschaft, die Sociologie, eigens begehrt. Comte hatte einen Riesenanlauf zur Entdeckung der socialen Gesetze genommen, aber der Sprung war — Gott seis geklagt — recht kurz und endete im Nichts. Quételet glaubte auf statistischem Wege die Gesetzmäßigkeit der Gesellschaft entdecken zu können und fand genau so viel wie Comte. Spencer war von Haus aus vorsichtiger als die beiden genannten und sprach sehr wenig von Gesetzen, dafür aber waren seine Nachfolger um so fruchtbarer im Formulieren von Gesetzen, die auf bloße Analogien hinausliefen. Es soll nicht geleugnet werden, daß es einzelnen ernsten Forschern auch gelungen ist, wirkliche Gesetze des socialen Lebens zu entdecken, die unanfechtbar sind, aber zu einem System der socialen Gesetzmäßigkeit ist es bisher noch nicht gekommen.

Und dennoch lagen und liegen die Bausteine für eine sociologische Gesetzeswissenschaft so nahe, daß man sich wundern muß, wie sie von keinem bemerkt werden konnten.

Spencer hat aus der Tatsache, daß die Gesellschaft ein organisches Gebilde sei, den unmittelbaren Schluß gezogen, daß die allgemeinen Eigenschaften aller Organismen: das Wachstum, die Differenzierung und Integration, die Determination u. s. w. gleichfalls für die socialen Gebilde gelten müßten. Er hat diesen erschlossenen Parallelismus auch tatsächlich empirisch nachgewiesen und so eine Reihe sociologischer Induktionen geschaffen, die so unanfechtbar sind, wie irgend andere nur sein können. Spencer ist allerdings weiter gegangen, er hat schon einzelne organische Funktionen (Ernährung, Verteilung u. s. w.) in den socialen Gebilden wiederzufinden gesucht, aber obgleich er ausdrücklich und eindringlich davor warnte, in dem Parallelismus weiter zu gehen, haben seine Nachfolger diese Analogiesucherei wie erwähnt doch bis ins Absurde fortgesetzt; dagegen hat man den richtigen Kern in Spencers Verfahren nicht herausgeschält und ausgebildet.

Der ursprüngliche Schluß: Wenn die Gesellschaften Organismen (oder doch Wesen nach Art der Organismen) sind, müssen auf sie auch die allgemeinen Gesetze der Biologie Anwendung finden — ist durchaus bindend, in dem Maße, daß wenn das im Nachsatz Geforderte sich als unmöglich herausstellt, das im Vordersatz behauptete geradezu als falsch gelten müßte. Die Anwendbarkeit der allgemeinen biologischen Gesetze wäre dann nicht bloß eine Analogie, sondern direkt wie eine Probe aufs Exempel. Wir haben allerdings den Vordersatz, daß Gesellschaften Organismen seien, nur mit Einschränkungen zugegeben und deshalb werden wir auch in der Anwendung der allgemeinen biologischen Gesetze auf die Sociologie dieselben Beschränkungen walten lassen.

Aber während wir so das Spencersche Verfahren wesentlich einschränken, müssen wir es auch nach einer anderen Richtung hin erweitern.

Wenn — wie wir nachgewiesen haben — die socialen Gebilde körperliche Wesen sind, so müssen auf sie auch jene allgemeinen Sätze anwendbar sein, die für alle physikalischen Körper gelten. Es mag einem vielleicht etwas merkwürdig vorkommen, wenn ich das Gesetz der Undurchdringlichkeit oder der Schwere auf ein sociologisches Wesen z. B. auf den Staat applizieren will. Und doch können wir nur das oben gesagte wiederholen; wenn das im Vordersatz gesagte richtig ist, muß das im Nachsatz geforderte möglich sein. Und stellt sich die Unmöglichkeit der Anwendung dieser physikalischen Gesetze heraus, so ist damit die Unrichtigkeit der Behauptung dargetan, daß die socialen Gebilde körperliche Wesen seien. Das ist brutale Logik. Es ist möglich, daß die durch diese Anwendung und durch die notwendige entsprechende Umwertung gewonnenen Sätze nichtssagend seien, daß wir aus ihnen nichts oder wenig über das Leben der Gesellschaften erfahren. Aber möglich muß die Anwendung sein.

Es ist freilich auch möglich, daß sie uns sehr viel von dem socialen Wirken sagen und dann haben wir einen Unterbau gewonnen, der für die weitere Forschung nach den eigentlichen, den socialen Gesetzen im engeren Sinne, von unvergleichlichem Nutzen sein kann.

Die Forschung nach eigenen socialen Gesetzen ist damit, daß wir auf deduktivem Wege und durch entsprechende Umwertung gewisse physikalische und biologische Sätze auf die Sociologie anwandten, natürlich keineswegs unnötig gemacht. Durch diese Anwendung kommen wir nur zu allgemeinen Sätzen, denen die socialen Gebilde folgen, insofern sie Körper und im Besonderen Wesen von biologischer Bildung sind; da sie aber, abgesehen von ihrer Zugehörigkeit zu diesen höheren Kategorien, auch ihre Sonderexistenz führen, müssen sie auch besonderen Gesetzen folgen, welche „sociale Gesetze“ im engeren Sinne werden genannt werden müssen. Wenn jene allgemeinen Gesetze uns sagen werden, wie die allgemeinen Naturkräfte in den socialen Gebilden zur Wirksamkeit kommen, so werden uns die „socialen Gesetze“ im engeren Sinne sagen, wie die besonderen socialen Kräfte wirksam werden. Die Forschung nach den „socialen Gesetzen“ im engeren Sinne wird sich daher aufs engste an die Untersuchung der socialen Kräfte anschließen.

Wir haben sonach einen methodischen Leitfaden gewonnen, den wir nunmehr verfolgen wollen, um zunächst die physikalischen, dann die organischen, dann die sociologischen Gesetze der socialen Gebilde zu ergründen.

Bevor wir jedoch an unsere eigentliche Aufgabe schreiten, möchte ich noch einen wichtigen Punkt klarstellen.

Wie es falsch und verhängnisvoll war, den Parallelismus zwischen organischen und socialen Gebilden zu weit zu treiben, so daß man schließlich jedes Detail der Biologie einfach auf die Sociologie anwandte, ebenso falsch wäre es, alle physikalischen Tatsachen in der Sociologie wiedersehen zu wollen, den freien Fall, die Lehre von den Wellenschwingungen u. dgl. Der Grund ist sehr einfach: Es gibt in der Physik allgemeine und besondere Wahrheiten. Die letzteren sind nicht minder feststehend, exakt und bindend als die ersteren, aber sie gelten eben nur, wenn sich die Körper in besonderen Verhältnissen oder Zuständen befinden, während die allgemeinen Sätze immer und unter allen Umständen gelten. Z. B. alle Körper — ohne Ausnahme und unter allen Umständen — sind ausgedehnt, teilbar, undurchdringlich u. s. w. Aber nicht alle Körper schwingen, fallen, tönen zu jeder Zeit. Insofern die Körper schwingen, fallen, tönen u. s. w., gelten für sie die Gesetze der Optik, Akustik, Mechanik u. s. w. Dann sind sie der eigentliche Gegenstand der Physik. Die Sociologie hat aber keine Pendel- und Interferenzgesetze aufzustellen. Die socialen Gebilde sind eben Körper, die keine rein physikalische und auch keine rein biologische Existenz führen; es sind Körper höherer, ja höchster Ordnung, die zwar alle allgemeinen Eigenschaften der Körper besitzen, aber nicht oder nicht leicht in jene besonderen Verhältnisse kommen können, welche den Gegenstand der Physik bilden. Ein menschlicher Körper ist z. B. auch ein physikalischer Körper, der, als Ganzes in Schwingung versetzt, nach den Gesetzen der Akustik tönen würde. Gleichwohl wird man zugeben, daß dieser Fall nicht sehr oft eintreten wird und daß es am allerwenigsten Aufgabe der menschlichen Physiologie oder der Anthropologie sei, sich mit so schwingenden und tönenden Menschenkörpern abzugeben. Damit glauben wir auf eine Klippe hingewiesen zu haben, die unbedingt umschifft werden muß und leicht zu umschiffen ist.

Und nun wollen wir uns unserer Aufgabe zuwenden:

II.

1. Das Gesetz von der Erhaltung der Kraft. Daß dieses allgemeinste und wichtigste Naturgesetz auch den socialen Erscheinungen zu Grunde liegen müsse, folgt unmittelbar aus den Tatsachen, die wir im II. Teil des XIV. Kapitels angeführt haben. Nach den dort gemachten Erfahrungen resultiert die sociale Energie aus der wechselseitigen Beeinflussung und Umwandlung dreier Faktoren, der Produktivkräfte, der socialen Triebe und der Idee. Die erstgenannten sind vorwiegend physikalischen, die zweiten organischen, die dritten geistigen Charakters. Die sociale Energie entspringt sonach aus einer Umwandlung von physikalischer in organische und geistige Energie. Verloren geht bei diesem Umwandlungsprozesse nichts. Die scheinbare Vermehrung oder Verminderung, welche die sociale Energie erfahren kann, rührt davon her, daß zu einer Zeit mehr Produktivkräfte als sonst gebunden erscheinen (nicht rationell aus-

genützt sind), was wieder seinen Grund in einer mangelhaften Betätigung der geistigen Kräfte haben mag. Man denke sich z. B. in ein Milieu, das eine bestimmte Menge von roher Naturkraft (E) darstellt, abwechselnd eine Gesellschaft von primitiven Landwirten und eine gleich große Gesellschaft von modernen Gartenbauern. Die Menge der Energie, welche von diesen beiden Gesellschaften in sociale Energie umgesetzt wird, wird in beiden Fällen sehr verschieden sein, im ersteren Fall sehr gering, im letzteren vielleicht sehr groß. Aber eine quantitative Veränderung der Energiemenge E hat deswegen doch nicht stattgefunden.

Wenn aber eine Gesellschaft desto günstiger bestellt ist, je größer die sociale Energie ist, dann steigen und sinken die Chancen einer Gesellschaft in demselben Verhältnis, in welchem die Umwandlung der Produktivkräfte in sociale Energie mehr oder minder vollständig erfolgt.

Morselli[1]) formuliert den Satz in der Weise, daß alles, was sich in einer bestimmten Gesellschaft ereignet, das Resultat der physischen Kräfte sei, die unmittelbar oder mittelbar von den Menschen oder von den Kräften ausgehen, und ein sociales Aggregat könne bloß fortschreiten und sich entwickeln, wenn die Quantität der Energie, über die sie verfügen kann, sich vermehrt. Giddings[2]) kommt fast zu derselben Formulierung; er sagt: „Die Energie einer Bevölkerungsgruppe ist nie größer als die freie oder gebundene Energie der sie umgebenden Welt. Infolgedessen findet ein beständiger Austausch von Stoff und Kraft zwischen einer Population und ihrer Umgebung statt. Die unorganischen Kräfte des Bodens werden in organische und sociale umgewandelt und die socialen Energien wiederum werden in physikalische Kräfte umgesetzt".

2. Gesetz der räumlichen Ausdehnung. Ein allgemeiner Satz der Physik sagt, daß alle Körper ausgedehnt seien. Ins Sociologische übertragen lautet der Satz: Jede Gesellschaft ist im Raume, d. h. ausgedehnt, aber auch begrenzt.

Der Raum ist das Mittel der Vereinigung und des Verkehrs, der das gesellschaftliche Leben ausmacht. Die Gesellschaft ist nicht an einen bestimmten Ort gebunden. Es gibt auch wandelnde Gesellschaften. Diese sind aber einfach in Bewegung befindliche Körper. Aber auch bewegte Körper nehmen in jedem Augenblick einen bestimmten Raum ein.

Das „Gebiet" ist gewissermaßen die Horizontalprojektion des Raumes, den eine Gesellschaft einnimmt. Wie die Materie überhaupt den Raum

[1]) E. Morselli, Elementi di Sociologia Generale. Milano 1898. p. 115.
[2]) Giddings, The elements of Sociology. New-York 1898. S. 333f.

nicht stetig erfüllt, so ist die Verbreitung der Gesellschaft im Raum, ihrer besonderen Natur nach, noch weniger stetig und gleichmäßig, wie die anderer Körper. Die Mitglieder einer Gesellschaft können sehr dicht beieinander oder sehr weit voneinander leben. In Belgien kommen z. B. auf 1 km² durchschnittlich 170, in Norwegen nicht ganz 6 Bewohner. Diese statistische Angabe besagt zwar nicht die volle Wahrheit, da man, wenn es sich um Bevölkerungsdichte handelt, nicht ganze Staaten miteinander, sondern die Landwirtschaftsbezirke des einen Staates mit denen des anderen, die Industriebezirke des einen Staates mit denen des anderen u. s. w. vergleichen sollte. Dann würde sich ein anderes Verhältnis herausstellen. Jedenfalls aber wird an der Tatsache der verschiedenen Dichte der Bevölkerung niemand zweifeln. Aber es hat die Verteilung der Gesellschaft im Raume doch auch gewisse Grenzen, die nicht übersehen werden können. Ist dieselbe zu dicht, so entsteht Mangel an den nötigen Existenzbedingungen, ist sie zu schütter, so tritt Schwierigkeit, wenn nicht Unmöglichkeit des Verkehrs, also der socialen Grundbedingung ein. Man muß also annehmen, daß einer jeden Gesellschaft, je nach ihrer quantitativen und qualitativen Anlage auch ein bestimmter Raum angemessen ist, und daß gegen dieses natürliche Verhältnis ohne schwere sociale Nachteile nicht verstoßen werden kann. Gewisse socialreformatorische Verfügungen und Bestrebungen der neuesten Zeit, besonders in den großen Städten (Feststellung des Verbauungsraumes bei Häusern, des Belegraumes öffentlicher Schlafstätten, Kasernen, Spitäler, des Luftraumes in Schulen und Werkstätten u. s. w.) zielen geradezu dahin, dieses Verhältnis genauer einzuhalten, als es bisher geschehen, um die aus zu ungleicher Verteilung der Population entspringenden hygienischen und socialen Gefahren zu vermeiden.

Eine notwendige Folge des Ausgedehntseins ist das Begrenztsein. Was ausgedehnt ist, ist auch begrenzt. Die beiden Begriffe sind voneinander untrennbar. Wir denken hierbei weniger an die örtlichen oder politischen Grenzen einer Gesellschaft als an etwas anderes. In der Sociologie hat die Begrenztheit vorwiegend den Sinn — den sie natürlich auch überall anders hat —, daß es eine Vielheit von Gesellschaften gibt. Es gibt nicht Eine Gesellschaft, sondern eine unendliche Vielheit von Gesellschaften, die neben- und nacheinander werden, bestehen und vergehen.

Dieser Satz, der banal und selbstverständlich scheinen mag, ist gleichwohl ein Fundamentalsatz der wissenschaftlichen Sociologie. Die entgegengesetzte Ansicht, welche von den Anhängern der social-idealen Postulate vielfach vertreten wird, aber auch von einem wissenschaftlichen Sociologen wie Comte verfochten wurde, ist die Quelle zahlreicher Irrtümer von größter Tragweite, vor allem des Glaubens an die Möglichkeit einer gleichmäßigen Aus- oder Umgestaltung „der" menschlichen Gesellschaft, wie sie der Socialismus oder Anarchismus anstrebt. Die alleroberflächlichste Erfahrung zeigt aber, daß es eine solche menschliche Gesellschaft gar nicht gibt, sondern daß auf der Erde unzählige Gesellschaften nebeneinander leben, die sich auf den verschiedensten Stufen der Entwicklung befinden.

Der Satz von der Vielheit der Gesellschaften läßt sich sehr leicht empirisch nachweisen. Er folgt aber auch ganz unmittelbar aus dem allgemeinen Satz von der räumlichen Ausdehnung, weshalb wir ihn auch hier citiert haben.

3. Gesetz der räumlichen Ausschließung. Ein anderes allgemeines physikalisches Gesetz ist das der Undurchdringlichkeit, nach welchem an einem und demselben Orte zu gleicher Zeit nicht zwei oder mehrere Körper sein können. Ins Sociologische übertragen muß der Satz lauten:

An einem und demselben Orte können zu gleicher Zeit nicht zwei oder mehrere Gesellschaften leben.

Da der Boden, das Land die Hauptquelle, im Anfang die einzige Quelle der Ernährung für die Gesellschaft ist, bedeutet das Eindringen einer anderen Gesellschaft in das Gebiet der ersteren den wirtschaftlichen Kampf, der auf der primitiven Stufe immer gleichbedeutend ist mit dem Krieg auf Leben und Tod. Der Kampf ums Land ist unter primitiven und barbarischen Verhältnissen die weitaus häufigste Ursache der Kriege, und die Landnahme, d. h. die Verdrängung der besiegten Gesellschaft aus dem früher von ihr eingenommenen Raume, immer die Folge eines vollständigen Sieges. Die eine Gesellschaft wird jedenfalls vernichtet, sie muß aufhören zu bestehen. Ihre Mitglieder brauchen nicht gerade landesvertrieben oder getötet zu werden, sie können als geknechtete Klasse im Lande weiterleben und von der siegreichen Klasse ausgebeutet werden. Aber dann bestehen doch nicht zwei Gesellschaften nebeneinander, sondern nur eine, welche allerdings eine ganz andere Struktur aufweist als die frühere. Wie wenig der primitive Landhunger und die Landnahme, dieses älteste Schema der Völkerkonflikte, bei den Zusammenstößen auch der modernen Völker als Zweck und Erfolg an Bedeutung verloren hat, konnten wir aus den vielen kriegerischen Ereignissen der neuesten Zeit, besonders aber aus dem Kampfe Englands gegen die Burenrepubliken in Südafrika ersehen. Man glaube ja nicht, es habe sich hier nicht um das räumliche Aufeinanderstoßen zweier Gesellschaften, sondern bloß um den Wettstreit zweier Machtwillen gehandelt. Der staatliche Machtwille hat gar keine Geltung für sich, sondern nur insofern er sich unmittelbar auf eine organisierte Gesellschaft stützt. Die Engländer verlangten in Transvaal Rechte, deren Gewährung tatsächlich die Existenz zweier gleichberechtigter Gesellschaften in einem Staate zur Folge gehabt hätte, und das ist eine sociologische Unmöglichkeit. Die Folge dieser Forderung war daher der Krieg und die Landnahme, d. h. die Verdrängung der kapholländischen Gesellschaft durch die englische Gesellschaft.

Es muß sich nicht gerade immer so augenfällig um die Landnahme handeln, und die beiden Gesellschaften, die aufeinanderstoßen, nicht gerade in dem Verhältnis stehen, daß die eine im Lande sitzt, die andere aber von außen einbricht. Die Gesellschaften können auch historisch nebeneinander oder nacheinander geworden sein, ohne daß der Dualismus anfänglich gemerkt wurde. Einen solchen Fall sehen wir in dem nun schon mehr als ein Jahrtausend erfüllenden Kampf der römischen Kirche gegen den Staat, d. h. ursprünglich gegen das römisch deutsche Reich. Nicht zwei Machtwillen oder zwei Rechtsansprüche, auch nicht zwei Ideen oder zwei Weltanschauungen, sondern zwei vollkommen fest organisierte Gesellschaften traten sich in diesem Kampf um ein Gebiet gegenüber, in dem beide fast gleichzeitig entstanden waren: die theokratisch organisierte Priestergesellschaft der römischen Hierarchie mit dem Papst an der Spitze, und die weltlich-ritterliche Gemeinschaft mit ihrem Kaiser vornan. Eine jede der beiden Gesellschaften hatte ihren eigenen Besitz, ihr eigenes Heer, ihren eigenen Anhängerkreis, der mit bestimmten Klassen zusammenfiel; ja eine jede der beiden Parteien hatte ihr eigenes Recht. Neben dem Rechte des Staates bestand das Recht der Kirche, das jus canonicum. Noch bis weit herein in die neuere Zeit waren die Kleriker dem weltlichen Rechte gegenüber exemt, und die katholische Kirche fordert diesen dem modernen Rechtsbegriff ganz unfaßbaren Zustand immer und immer wieder als einen ihr zustehenden Rechtsanspruch (vgl. das österreichische Konkordat von 1855). Die Kirche hatte und hat auch ihre eigene Organisation, auf die wenigstens nach ihren Rechtsanschauungen und mit ihrer Zustimmung der Staat keine Ingerenz hatte; ihre Anhänger haben eine eigene Sprache, ihren eigenen Ideenkreis, ihre eigentümlichen Kleidertrachten u. s. w., kurz es stehen sich hier zwei Gesellschaften gegenüber, so fremd und selbständig, wie nur immer zwei verschiedene Völker sein können, und jede beansprucht, sich an den Platz der anderen zu setzen. Als an die Stelle des römisch-deutschen Reiches die nationalen Staaten traten, mußten diese den Kampf gegen die römisch-hierarchische Gesellschaft fortsetzen, und wo er nicht bereits mit der vollständigen Landvertreibung des Papismus geendet hat, dort dauert er in der ungeschwächten Kraft wie vor tausend Jahren fort. Da gibt es kein Kompromiß, wie so viele glauben. Alle wirklich ehrlichen und selbständigen Denker, welche in diesem Kampfe auf der einen oder anderen Seite mitgestritten haben, haben es erkannt und ausgesprochen, daß ein Kompromiß zwischen Kirche und Staat ausgeschlossen sei, daß dieser Kampf mit dem Siege der einen und der vollständigen Vernichtung der anderen Partei enden müsse. Denn die Kirche ist nicht ein Organ der staatlichen Gesellschaft, wie etwa die Schule oder das Heer. Dagegen verwahrt sie sich selbst stets auf das entschiedenste. Sie ist eine Gesellschaft für sich, und an einem und demselben Orte können zu gleicher Zeit nicht zwei oder mehrere Gesellschaften leben.

Der Satz von der Undurchdringlichkeit der Körper ist jedem auch minder Gebildeten ganz geläufig. Wo eine Lampe steht, kann ich nicht zugleich ein Glas hinstellen. Aber daß zwei Gesellschaften in einer und derselben räumlichen Sphäre nebeneinander leben können, das scheint auch Gelehrten, Politikern und Staatsmännern nicht widersinnig. Daß z. B. die alte feudale Gesellschaft mit ihren Vorrechten, Privilegien, Organisationen, ihrer Wirtschaftsform, ihrem Blutkreis, Klassenanschauungen u. s. w. in demselben Raum neben einer bürgerlich kapitalistischen Gesellschaft mit ihren Anschauungen, Einrichtungen und Prätentionen ganz gut bestehen könne, und daß sich beide durch ein pfiffiges Kompromiß ganz leidlich miteinander versöhnen lassen, wird von Gelehrten und Ungelehrten gleich plausibel gefunden. Und doch könnte sie ein Blick auf das sie umgebende Leben täglich und stündlich belehren, daß, wo diese zwei Gesellschaften in einem Raume bestehen, der unerbittliche Kampf auf Leben und Tod keine Sekunde still steht, bis der Sieg sich auf eine Seite geneigt hat, die besiegte Gesellschaft unterdrückt ist, ihre Mitglieder sich entweder der siegreichen einverleiben oder landesflüchtig und hingerichtet werden und der Sieger seine Ideen über Besitz, Eigentum, Ehe, Herrschaft u. s. w. zum Gesetze für sich und die anderen erhoben hat. So wirken die Gesetze der Natur in den höchsten überorganischen Gebilden nicht minder verläßlich als in einem Stein.

4. Gesetz der Trägheit. Das physikalische Gesetz der Trägheit ist nur eine besondere Anwendung des Kausalitätsgesetzes, denn es besagt, daß die Körper das Bestreben haben, ohne Ursache nicht aus ihrer Lage zu kommen. Auf die Sociologie angewendet — „Jede Gesellschaft hat das Bestreben, ohne Ursache nicht aus ihrem socialen Zustande zu kommen“ — leuchtet der Satz unmittelbar ein. So sollte man wenigstens meinen. Und doch ist es keinesfalls überflüssig, auch dieses Gesetz ausdrücklich als sociales Gesetz zu formulieren, da die Mehrheit der Menschen dasselbe zwar kaum in der Theorie anfechten wird, in der politischen Praxis aber so handelt, als ob politische und sociale Ereignisse die Werke des Zufalls oder individueller Willkür wären.

Man wird es mir erlassen, daß ich hier die Anwendung des Kausalitätsgesetzes auf die socialen Vorgänge und Prozesse ins Detail verfolge. Auf eins möchte ich doch ganz besonders hinweisen. Der Grund einer Veränderung muß nicht nur zureichend, sondern auch dem Körper, um den es sich handelt, angemessen sein. Einen Stein kann man nicht vom Flecke bewegen, indem man ihn beleuchtet, ein Tier wird nicht durch moralische Argumente zu einer Bewegung veranlaßt, und für einen socialen Körper sind individuelle Wünsche und Gedanken kein angemessenes Motiv zur Lageveränderung. Als solches können entweder nur Gedanken, Gefühle und Begierden und deren praktische Äußerungen wirken, welche von den Massen kommen (so die Triebe und Ideen, die wir im vorhergehenden Kapitel kennen gelernt haben) oder Veränderungen der die Gesellschaft umgebenden und ihre Existenzbedingung bildenden äußeren Natur (Elementarereignisse, Veränderung der klimatischen und Bodenverhältnisse u. dgl.). Alles was in irgend einer und selbst in geringfügiger Weise die Bedürfnisse, die Denk- und Lebensweise der Massen verändert, ist ein zureichender und angemessener Grund, daß eine Gesellschaft ihren socialen Zustand verändert; dagegen vermag selbst der mächtigste Despot nicht in der nebensächlichsten Angelegenheit die sociale Trägheit durch seinen „omnipotenten“ Willen zu überwinden. In dieser Beziehung herrscht immer noch sehr viel Irrtum und Täuschung. Der mächtige Einfluß, den große Individualitäten auf den Gang der Gesellschaft und Geschichte nehmen, rührt lediglich davon her, daß in ihnen die Bedürfnisse, Gefühle und Ideen der Masse, ihres Volkes und ihrer Zeit förmlich verkörpert sind, so daß alles, was sie tun, nichts anderes als eine praktische Auslegung dieser Bedürfnisse, Gefühle und Ideen ist. Es wirkt also hier nicht das Individuum als solches, sondern die sociale Kraft durch ein besonders geeignetes Individuum. Wie, das zu beantworten, ist Sache der socialen Psychologie.

Hier sollte bloß von der Anwendbarkeit der physikalischen Gesetze auf das sociale Leben die Rede sein. Man wird in diesen Ausführungen vielleicht manches vermissen, was unstreitig zu den allgemeinsten Sätzen der Physik gehört. Allein es wurden manche diese Sätze unbeachtet gelassen, weil sie, wie z. B. das Gesetz von der Teilbarkeit für die socialen Gebilde, ganz nichtssagend sind, oder weil sie, wie etwa das Gravitationsgesetz, durch ein spezifisch sociales Gesetz verdrängt werden. Auch die Chemie als solche kümmert sich nicht um die Gravitation, weil für sie die Anziehung in anderer Form als Affinität in Betracht kommt. Ebenso interessiert in der Sociologie weder die physikalische noch die chemische Anziehung, weil für sie die Anziehung der Gleichen durch die socialen Triebe die Hauptsache ist.

III.

Es sollen nunmehr die biologischen Gesetze, welche etwa auf das Leben der socialen Körper bestimmend wirken, in Betracht gezogen werden. Wir müssen jedoch hier im vorhinein daran erinnern, daß wir in den socialen Gebilden nicht einfach Organismen, sondern Wesen erkannt haben, die zwar aus organischen Wesen und nach Art der Organismen gebildet sind, aber deshalb noch keinesfalls in jedem Belange den Organismen gleich sein müssen. Es wird uns daher nicht Wunder nehmen dürfen, wenn wir etwa sehen sollten, daß die Gesetze der organischen Entwicklung nicht in so vollem Umfange wie die allgemeinen physikalischen Gesetze anzuwenden sein werden. Das zeigt sich gleich bei dem ersten und wichtigsten aller Gesetze, bei dem

1. Gesetz des Stoffwechsels. Dieser Satz ist so sehr die allgemeinste Formel für den organischen Lebensprozeß, daß eine jede organische Bildung demselben folgen muß. Aber andererseits wird man sich hüten müssen, die Besonderheiten des Prozesses in den socialen Vorgängen wiederfinden zu wollen. Das ist einesteils nicht nötig, anderenteils kann es nicht sein. Es ist nicht nötig, daß der Stoffwechsel im socialen Körper sich genau so abspielt wie im tierischen oder pflanzlichen, weil zwischen dem tierischen und pflanzlichen Stoffwechsel selbst ein durchgreifender Unterschied besteht — letzterer ist nämlich ein Reduktions-, ersterer ein Oxydationsprozeß — und weil sonach bei einer dritten Art Verbindungen der Prozeß recht gut wieder ganz andere Formen annehmen kann. Diese Form muß aber auch garnicht die des Chemismus sein. Eine solche Forderung wäre schon logisch ganz unzulässig. Man muß ja

nicht vergessen, daß alle biologischen Beobachtungen bisher bloß an Pflanzen und Tieren gemacht und alle allgemeinen Sätze bloß von den Beobachtungen an diesen beiden Formen organischer Gebilde abgeleitet wurden. Wenn nun eine dritte Gruppe ähnlicher Gebilde auftaucht und nicht alle biologischen Sätze genau auf diese passen, so ist die einzige richtige Folgerung die, daß eben die biologischen Sätze erweitert werden müssen, so daß sie nunmehr auch auf die neue Klasse von Erscheinungen passen. So läßt sich bei socialen Gebilden absolut von keinem Chemismus reden, denn diese Gebilde kommen nicht als Zusammensetzung von Molekulen oder Zellen in Betracht, sondern als Zusammenschluß fertiger organischer Individuen (Tiere, Menschen), die sich aber nicht materiell in der Weise vereinigt haben, daß ein Übergang des Stoffes von dem einen zum andern Element stattfände. Ohne dieses ist aber ein Chemismus undenkbar und alle Versuche in den socialen Vorgängen und Einrichtungen, Funktionen und Organe wiedererkennen zu wollen, die auf einem Chemismus beruhen (Ernährung, Verdauung, Zeugung), alle diese Versuche, mögen sie auch von so bedeutenden Denkern wie Spencer gemacht worden sein, sind doch nichts als bedauerliche Verirrungen des guten Willens.

Dagegen läßt sich der sociale Lebensprozeß ebenso wie der organische in letzter Linie auf einen beständigen Austausch der Stoffteile, auf ein stetiges Ausscheiden von Teilen, Einnehmen und Anpassen neuer Teile zurückführen. Durch Geburt und freiwillige oder zwangsweise Einverleibung werden beständig neue Teile in den Gesellschaftskörper aufgenommen, während durch den Tod, durch freiwillige Auswanderung oder zwangsweise Ausscheidung ebenso beständig andere Teile ausgeschieden werden. Alle socialen Prozesse und Funktionen lassen sich auf diese einfachste Formel des Stoffwechsels zurückführen. Nicht dem Zwecke nach, den der Mensch seinen Handlungen unterlegt, aber dem wirklichen Effekte nach dient die Ehe der Erzeugung neuer socialer Elemente (Individuen), der Krieg der Erhaltung der eigenen Stoffmenge und der Stoffverminderung der anderen Gesellschaft, die Erziehung und die religiöse Funktion der Anpassung der neuen Elemente an die alten, die Gerichtspflege der Ausscheidung unpassender Elemente u. s. w. Durch diesen beständigen Austausch erhält die Gesellschaft nicht nur ihre Masse, sie geht zum Teile auch qualitative Veränderungen ein, sie nimmt frische Energien auf durch die Aufnahme junger unverbrauchter Kräfte und andersartiger Elemente, wie es bei der Einverleibung fremder Rassen, neuer Klassen u. dgl. ist. Die fremden Elemente können aber ebensowenig wie bei den Pflanzen und Tieren unmittelbar dem socialen Körper zu gute kommen. Sie müssen demselben angepaßt werden, assimiliert werden, und dies geschieht durch Erziehung, freiwillige Anpassung und Zwang. Erst wenn sie vollkommen der Eigenart des socialen Körpers angepaßt sind, gehören sie wirklich dem Gleichenkreis, der Gesellschaft an. Was sich nicht anpassen läßt, wird ausgeschieden. Diese Anpassung ist der eigentliche, wesentliche Punkt im ganzen Stoffwechselprozeß. Denn so wie es bei Tieren und Pflanzen nicht darauf ankommt, daß und ob fremde Körper aufgenommen werden, sondern darauf, daß diese Körper in eigene Masse, in Teile des eigenen Körpers umgewandelt werden; ebenso bildet auch, wie wir im ersten Bande geschildert haben, die Anpassung und Assimilierung an die Gleichenkreise eine der hauptsächlichsten Belange des socialen Lebens.

Nachdem also der Stoffwechsel allen socialen Prozessen zu Grunde liegt — wir werden auch immer wieder darauf zurückkommen — darf es nicht verwundern, daß auch im socialen wie im organischen Leben ein normaler, energischer Stoffwechsel (Bewegung der Bevölkerung) immer auch auf einen normalen Zustand der Gesellschaft hindeutet und abnormale Erscheinungen, Störungen des Stoffwechsels, wie eine zu geringe Zahl von Geburten, starke Auswanderung, abnorme Sterblichkeit immer auf funktionelle Störungen im socialen Körper weisen. So hat man z. B. die auffällige Erscheinung der verminderten Geburten in Frankreich auf das abnormale Hindrängen der Bevölkerung zu einzelnen Berufsklassen (Funktionarismus) und auf die dadurch bedingte Ablenkung von anderen der Fortpflanzung günstigen Berufen, z. B. der Landwirtschaft, zurückgeführt, also auf eine Verrückung des natürlichen Verhältnisses zwischen den einzelnen Funktionen der Gesellschaft. Anderseits bewirkt aber diese Minderzahl von Geburten wieder neue funktionelle Störungen, sie erschwert z. B. die Heeresergänzung, also die Funktion der Verteidigung. Epidemien, wie die großen Pestepidemien des Mittelalters und der beginnenden Neuzeit, riefen immer die schwersten socialen Störungen hervor, da nach solchen Massensterben selbst das allernotwendigste Menschenmaterial für die Ausübung der socialen Funktionen nicht aufzutreiben war; andererseits gehen Epidemien immer auf ein fehlerhaftes Funktionieren der socialen Einrichtungen, besonders auf den Mangel an Fürsorge zurück, denn heute weiß man ganz genau, daß, wenn die Gesellschaft oder der Staat seine Pflicht erfüllt, Katastrophen, wie es das „große Sterben“ oder der „Schwarze Tod“ oder selbst nur die letzte Hamburger Cholera-Epidemie war, sehr gut zu vermeiden sind.

Wie in Folge schwerer Stoffwechselstörung das Ende der socialen Existenz herbeigeführt wird, werden wir später an einem klassischen Beispiele zeigen.

Man kann also von einem Stoffwechsel im socialen Körper nicht bloß vergleichsweise sprechen; die ganz realen Vorgänge des socialen Lebens, die wir angeführt haben, genügen uns, das Gesetz des Stoffwechsels ebenso in der Sociologie wie in der Biologie als ein Fundamentalgesetz gelten zu lassen.

2. Die sociale Entwicklung geht wie beim Organismus von einfachsten, der Masse nach kleinen, in ihrem Innern vollkommen undifferenzierten (unorganisierten) Gruppen aus und vollzieht sich in doppeltem Sinne, als Zunahme der Masse (Wachstum) und als Vollendung des inneren Ausbaus, der Struktur, als Organisation.

a) Gesetz des socialen Wachstums: Das sociale Wachstum stellt sich wie im organischen Leben als eine Zunahme an Masse dar. Von der Tatsache des socialen Wachstums geben unsere großen Städte ein anschauliches Bild. Die Stadt Wien z. B. hatte

im Jahre	Einwohner
1754	175 460
1800	231 949
1851	431 147
1857	476 222
1864	550 241
1869	607 514
1880	704 756
1890	817 299
1900	1 662 269

Der Prozeß des socialen Wachstums vollzieht sich aber nicht ganz so, wie das bei den Organismen der Fall ist. Während nämlich die Grundform des organischen Prozesses die ist, daß die Zellen aus sich selbst durch Teilung neue Zellen erzeugen und aufbauen, läßt sich für die socialen Gebilde wenigstens nicht der Nachweis liefern, daß eine Gruppe aus sich selbst heraus durch die bloße natürliche Fortpflanzung ihrer Mitglieder wesentlich an Masse zunehmen können. Aber wenn dies auch möglich sein sollte, so ist es gewiß nicht der gewönliche Fall des socialen Wachstums. Dieser vollzieht sich vielmehr, wie wir im ersten Band ausführlich gezeigt haben,[1]) immer durch die Zusammenfassung und Integration verschiedener Teile. So wie die einfachste politische Gruppe,

---

[1]) Die Gesellschaft, I. Bd., Siebentes Kapitel V.

der Stamm, sich nie aus einer Horde (etwa wie in der Biologie durch Zellteilung) entwickelt hat, sondern die Zusammenfassung von mindestens zwei Horden darstellt, so entstehen noch heute durch die Vereinigung kleiner Gemeinwesen große, durch den Zusammenschluß kleiner Staaten große. Gerade das Wachstum der großen Städte bietet dafür ein förmlich schulgerechtes Exempel. Um den Grundkern, die eigentliche Stadt, bildeten sich dörfliche Ansiedelungen, die vollkommen selbständig und in sich geschlossen waren. Mit der Zeit wurden einzelne Gruppen, die sich räumlich näher lagen und vielleicht einander auch schon berührten, zu einem Vororte vereinigt, der sich allmählich wieder zu einer selbständigen Stadtgemeinde entwickelte, in welcher die alten Dörfer nur noch als Straßen- oder Quartiernamen (Gründe) weiter lebten. Diese Vorstadtgemeinden bildeten gewissermaßen einen Kranz um die eigentliche Stadt (City). Mit der Zeit berührten sie einander und auch die Stadt, so daß die Vereinigung zweiten Grades eigentlich schon gegeben war und die rechtliche Vereinigung zu einer neuen Stadtgemeinde (Großkommune) nur eine Frage der Zeit bildete. In Wien hat im Laufe des XIX. Jahrhunderts zweimal in konzentrischen Kreisen eine solche Stadterweiterung stattgefunden, und da das räumliche Bild derselben geradezu als Schema für das Wachstum der Gesellschaften gelten kann, habe ich eine Planskizze von Wien, welche diese wiederholten Integrationen selbständiger Gesellschaftsgruppen zeigt, beigeschlossen. Ebenso, wenn auch minder schematisch sind auch Paris und London entstanden, bei welch letzterem sogar eine Vereinigung von Orten aus verschiedenen Grafschaften stattfand. Die Entstehung Roms aus den verschiedenen selbständigen Ansiedelungen auf den Hügeln ist allgemein bekannt.

Das sociale Wachstum ist also eine Massenzunahme durch Zusammenfassung und vollständige Einverleibung (Integration) verschiedener socialer Gebilde zu einer neuen Einheit. In dem wesentlichen Merkmal der Integration ist der sociale Prozeß mit dem organischen vollkommen identisch, jedoch erfolgt derselbe durch Komposition, nicht durch Generation wie der organische Prozeß.[1])

b) Gesetz der socialen Gliederung. Gleichzeitig mit dem Wachstum, mit der Entwicklung im Sinne der Massenzunahme vollzieht sich bei den Organismen ein Prozeß innerer Entwicklung durch Differenzierung, durch Anpassung einzelner Teile an bestimmte Verrichtungen.

---

[1]) I. Bd. S. 181.

Zur Erklärung.

Der schraffierte Raum zeigt die älteste Stadt; der in = eingeschlossene die sogenannten alten Bezirke nach der I. Stadterweiterung; das außerhalb dieser Linie liegende ist neuestes Stadtgebiet. Die in den nördlichsten Bezirk eingezeichneten punktierten Linien bedeuten die Grenzen der ehemaligen selbständigen Dorfgemeinden, aus denen der Bezirk hervorgegangen ist. Derselbe Prozeß hat sich natürlich auch in allen anderen Bezirken abgespielt.

Dasselbe findet bei den socialen Gebilden statt. Wir haben im ersten Band ausführlich gezeigt, wie die sociale Urform, die Horde, auf der vollständigsten inneren Homogenität, auf vollkommener Gleichheit des Rechtes, Besitzes und der Macht beruht, und wie alle Mitglieder wegen der herrschenden Promiskuität zueinander auch in einem Verhältnis gleichmäßiger Verwandtschaft stehen. In dem Augenblick, da die Horde mit anderen Gesellschaften in Berührung tritt und fremde Elemente in sich aufnimmt, ist die Ungleichheit gegeben, Ungleichheit in Bezug auf Eigentum, Macht, Recht, Verwandtschaft. Es bilden sich in der einen Gesellschaft neue Kreise, welche eine Art Eigenleben führen (Familien, Klassen) und bestimmte Verrichtungen des socialen Lebens übernehmen, es ist nicht mehr die gesamte Gesellschaft, welche einheitlich und gemeinsam erwirbt und verzehrt, sich verteidigt und vermehrt; es lassen vielmehr die einen die andern für sich arbeiten und übernehmen dafür die Funktion der Verteidigung und Verwaltung; an Stelle der Gleichheit der Geschlechter tritt die Unterjochung des Weibes durch den Mann, an Stelle des gleichberechtigten Führers ein alleinberechtigter Herrscher, an die Stelle der sexuellen Gemeinschaft treten einzelne Verwandtenkreise. Je größer die Gesellschaft wird, je komplizierter die Lebensbedingungen ihrer Mitglieder, desto mannigfaltiger werden die notwendigen Verrichtungen, desto weniger möglich und wünschenswert deren Ausführung durch die Gesamtheit oder durch ein beliebiges Mitglied, desto notwendiger wird eine fortschreitende Differenzierung durch fortgesetzte Arbeitsteilung und Anpassung einzelner Mitglieder oder Gruppen an bestimmte Verrichtungen. „Der Fortschritt der Organisation entspricht bei einzelnen Organismen sowohl, wie bei dem socialen Organismus stets demselben allgemeinen Gesetz: die Differenzierungen schreiten vom allgemeineren zum spezielleren fort. Zuerst finden wir nur grobe und einfache Gegensätze zwischen den Teilen, dann Veränderungen innerhalb jedes der primär verschiedenen Teile, wodurch sie in differente Abteilungen gesondert werden, sodann in jeder der letzteren eine Ausprägung ungleicher Teile und geringerer Verschiedenheiten, und so fort bis ins Unendliche.“ (Spencer.)

Das Gesetz der Arbeitsteilung, welches identisch mit dem Gesetz der socialen Gliederung ist, muß als das älteste Gesetz der socialen Entwicklung angesprochen werden. Es wurde schon von Plato, Aristoteles und anderen griechischen Schriftstellern wenn auch unklar erkannt; zahlreiche Staatsrechtslehrer und Staatsmänner des XVII. und XVIII. Jahrhunderts haben es schon vor Adam Smith ausgesprochen, dem allerdings das Verdienst gebührt, das Gesetz zum erstenmale wissenschaftlich formuliert und damit überhaupt das erste sociologische Gesetz ausgesprochen zu haben. Die volle sociologische Ausbeute ist aber erst von Emile Durkheim erfolgt.[1]) Von den Nationalökonomen haben dann erst die Naturforscher das Gesetz übernommen und zu einem Eckstein der modernen Biologie gemacht. Die Gleichheit des Prozesses in den organischen und sociologischen Perioden ist wenigstens an diesem Punkte nie angezweifelt und für bloße Analogie erklärt worden. Und doch ist auch hier auf einige Unterschiede aufmerksam zu machen, die zwischen der organischen und zwischen der socialen Arbeitsteilung bestehen.

Die Arbeitsteilung in der Gesellschaft geht teils freiwillig, teils erzwungen vor sich — ein Unterschied, den die organische Welt natürlich nicht kennt, der aber für die sociale Entwicklung von größter Bedeutung wurde. Die Anpassung der Geschlechter an verschiedene Arbeiten in der primitiven Horde, die Anpassung der Altersstufen ebendaselbst an verschiedene Verrichtungen, die Anpassung gewisser Völker an die Verrichtungen, welche ihnen das umgebende Milieu nahelegt, und endlich die moderne Berufswahl sind Beispiele freiwilliger Arbeitsteilung; die geschlechtliche Arbeitsteilung, wie sie in der patriarchalischen Familie herrscht, die klassen- und rassenmäßige Arbeitsteilung sind Beispiele zwangsweiser Anpassung. Wenn man von den Verhältnissen der Urhorde absieht, kann man sagen, daß die zwangsweise Arbeitsteilung im Naturzustande und im historischen Altertum der Völker die Regel und zwar aus Notwendigkeit ist, denn im primitiven Zustand mit seinen Härten und Plagen würden die höheren, geistigen Aufgaben der menschlichen Entwicklung vollkommen vernachlässigt worden sein, wenn nicht einzelne Personen und Gruppen von den Sorgen des gemeinen Kampfes ums Dasein befreit gewesen wären und sich dem Kriegswesen und der Staatskunst, der Kunst und Wissenschaft hätten hingeben können. Da aber die anderen Menschen kaum dafür den härteren, unangenehmeren und undankbareren Teil der Verrichtungen aus freien Stücken auf sich genommen hätten, war die Zwangsarbeit, die zwangsweise Arbeitsteilung die einzig vorteilhafte und fördernde Möglichkeit. Selbstverständlich hat dieser Zwang auch seine Nachteile; vor allem machte er eine rationelle

---

[1]) De la division du travail social. Étude sur l'organisation des sociétés supérieurs. Paris 1893.

Ausnutzung der individuellen Kräfte und Fähigkeiten unmöglich. Nicht nur daß die Zwangsarbeit weniger ertragsreich und wertvoll ist, daß sie auch einen Wettstreit der individuellen Kräfte und die damit verbundenen produktiven Wirkungen ausschließt; eine vollständige Ausnutzung der in der Gesellschaft schlummernden Kräfte ist auch ganz unmöglich, wo jeder schon durch die Geburt zu einer gewissen Art von Verrichtungen bestimmt ist. Obwohl diese Anpassung einzelner socialer Elemente und Kräfte an bestimmte Verrichtungen nie so weit wie im organischen Leben geht, daß das Element seine volle Selbständigkeit verliert,[1]) selbst dort nicht, wo die zwangsweise und rassenmäßige Arbeitsteilung bis zur Kastenbildung führte, wurden dadurch doch der Gesellschaft zahlreiche, vielleicht oft die wertvollsten Kräfte entzogen. In dem Maße, in welchem also die Fruktifizierung aller Kräfte infolge der zunehmenden Bedürfnisse notwendiger wurde, in demselben Maße strebte der Mensch von der zwangsweisen zur freien Arbeitsteilung hin. Die Aufhebung der Sklaverei, der bäuerlichen Hörigkeit und Untertänigkeit, des Zunftzwanges u. s. w. sind die historischen Denksäulen dieser Emanzipation, die keineswegs bloß eine wirtschaftliche Revolution, sondern wie man weiß, auch ebenso große politische Umwälzungen hervorrief. Die Umwandlung der zwangsweisen Arbeitsteilung in die freie mußte eben eine Umwandlung der socialen Gesamtverfassung hervorrufen; sie bedeutete die Umgestaltung der zwangsweisen und rein herrschaftlichen Organisation der Gesellschaft in eine mehr freie und auf Selbstregierung beruhende.

Dieser Gang der socialen Entwicklung von der Gebundenheit zur Freiheit ist eine empirische Wahrheit von aller nur wünschenswerten Gewißheit, die ihre Begründung außerdem in einem anerkannten Naturgesetz, in dem von der Arbeitsteilung hat.

3. Sociale Funktionen und Organe. Wie die Organismen schaffen sich auch die socialen Körper zur Ausführung der verschiedenen aus dem Gemeinleben entspringenden und für dasselbe notwendigen Verrichtungen (Funktionen) aus dem lebenden Stoffe ihres eigenen Körpers Werkzeuge, welche man zu allen Zeiten Organe genannt hat. Funktion und Organ stehen zueinander in einem wechselseitigen, unlösbaren Verhältnis, welches bedingt, daß jede Veränderung der Funktion unvermeidlich eine Änderung des Organes oder umgekehrt zur Folge hat. So haben wir z. B. gesehen, wie eine jede Veränderung in den wirtschaftlichen

---

[1]) Siehe Kap. IX. IV. dieses Bandes.

Bedürfnissen durchgreifende Veränderungen der Wirtschaftsorganisation herbeiführte, bald Zwangsarbeiter, bald freie Arbeiter, jetzt korporative Organisation der Handwerker, dann wieder freie Wirtschafts- und Erwerbsgruppen, heute Maßregeln zum Schutz gegen die fremde Produktion, morgen Freihandel u. s. w. Jede Änderung des Defensivbedürfnisses bedingt eine Änderung der Organe zur Verteidigung; die Umwandlung der alten Orts- und Blutverbände in Kriegsverbände (Hundert- und Tausendschaften), die klassenmäßigen Heeresorganisationen des Altertums, in den Heerbann des feudalen Zeitalters, die stehenden Söldnerheere der beginnenden Neuzeit, die Statuierung der allgemeinen Wehrpflicht und die dadurch bedingte Rückkehr zum Volksheere und die Umwandlung derselben in Milizheere — alle diese Umformungsprozesse bezeichnen ebensoviele Wandlungen, welchen das Defensivbedürfnis der betreffenden Gesellschaften unterworfen war.

Die Bildung der Organe erfolgt in der im vorhergehenden Absatz geschilderten Weise durch Differenzierung und Anpassung verschiedener Teile der Gesellschaft (Individuen oder Gruppen) an bestimmte Verrichtungen. Insoweit ist der sociale Entwicklungsprozeß ganz gleich dem organischen. Hier aber ist auch der Punkt, wo der Parallelismus ein Ende hat, und wo wir uns endgiltig von den Organikern trennen. Die Anpassung der socialen Teile an eine Verrichtung geht, selbst wo die Arbeitsteilung bis zur Kastenbildung gediehen ist, nie so weit, daß diese Teile ihre Ähnlichkeit mit den anderen Teilen der Gesellschaft ganz verlören und nicht jederzeit in den Kreis der anderen zurückkehren könnten. Eine Knochen- oder Muskelzelle, ein Bindegewebe oder eine Nervenfaser muß das bleiben, was sie einmal durch Anpassung geworden ist. Ein Krieger kann aber ein Bauer und ein Bauer kann jederzeit ein Krieger werden, ein Schuster kann zugleich Dichter sein, und ein freigegebener Sklave ein großer Staatsmann werden. Die sociale Differenzierung und Anpassung geht, wie wir gezeigt haben, nie bis zur Fixierung und Immobilisierung, und daher muß jeder Versuch, den Parallelismus zwischen Organismen und Pflanzen weiter zu treiben, einfach dem Fluch der Lächerlichkeit verfallen. Es gibt nun einmal keine socialen Wurzeln, Stengel, Blätter, Blüten oder Früchte, wie Gumplowicz schlagend bemerkt.

Sowie aber die socialen Organe nicht nur eine bloße geistlose Wiederholung der organischen Bildungen darstellen, so sind auch die socialen Funktionen nicht identisch mit den organischen Funktionen. Es gibt keine sociale Zeugung und keine socialen Geschlechtsorgane, höchstens eine Art socialer Fortpflanzung durch Selbstteilung. Der sexuelle Akt bleibt den Individuen überlassen, welche sich fortpflanzen und damit die Gesellschaft erhalten. Es gibt keine sociale Ernährung und keine socialen Freßwerkzeuge, sondern nur eine Volkswirtschaft, welche günstigere Voraussetzungen für die individuelle Ernährung und damit allerdings auch für die Erhaltung des gesellschaftlichen Körpers schafft. Es gibt keinen socialen Blutkreislauf, weil es kein sociales Blut gibt; aber es gibt einen Verkehr u. s. w. Wenn sich jemand das Vergnügen bereiten will, gewisse sociale Funktionen mit den ihren Zwecken nach verwandten oder ähnlichen organischen Funktionen zu vergleichen, der mag es immerhin tun. Aber er muß beständig dessen bewußt sein, daß es sich um einen bloßen Vergleich handelt, aus dem durchaus kein Schluß von dem einen auf den andern Teil gestattet ist. Die Gleichheit der socialen und organischen Gebilde ist damit erschöpft, daß es in beiden Fällen aus dem Gemeinleben entspringende und diesem Gemeinleben dienende Verrichtungen, Funktionen gibt, und daß sociale wie organische Körper zu dieser Verrichtung sich aus ihrem eigenen Stoffe durch Differenzierung und Anpassung lebensvolle Werkzeuge (Organe) schaffen.

Ein weiterer Unterschied zwischen socialen und organischen Körpern besteht darin, daß bei letzteren sich gewissermaßen eine Liste der Funktionen und Organe aufstellen läßt, während dies bei den socialen Gebilden ganz unmöglich ist. So reich auch die Formen des organischen Lebens sind, es bewegt sich doch stets in gewissen, immer wiederkehrenden Linien und es erscheint schablonenhaft gegenüber dem unendlichen und unerschöpflichen Formenreichtum des socialen Lebens. Während sich also die Reihe der organischen Funktionen und Organe erschöpfend aufzählen läßt, ist dies bei den socialen Funktionen ganz ausgeschlossen. Es gibt allerdings auch sociale Funktionen und Organe allgemeinster Art, die sich bei jeder fortgeschrittenen Gesellschaft nachweisen lassen (Funktion der Verteidigung, der Verwaltung, der Herrschaft, Gerichtsbarkeit, Wirtschaft u. s. w.); aber wie die Differenzierung schreitet die Ausbildung der Funktionen und Organe vom allgemeinen zum besonderen immer weiter fort ins Unendliche; jede Gruppe innerhalb einer Gesellschaft hat ihre eigenen Funktionen und Organe (z. B. die Vereine), es entstehen auch neue Funktionen und alte verschwinden. So z. B. ist in einzelnen Gesellschaften der Kultus noch öffentliche Funktion, bei anderen nicht mehr, während der Unterricht im Anfang meist der privaten Initiative überlassen bleibt und erst später eine öffentliche Funktion wird. Deshalb ist eine vollständige Aufzählung und Klassifizierung, wie bei den Tieren und Pflanzen, in der Sociologie unmöglich. Der am meisten systematisierende Vertreter der modernen Sociologie, Giddings, zählt vier Grundfunktionen auf: Sicherheit, Gleichheit, Wirtschaft, Kultur (security, equity, economy, cultur).[1] Die Ausdrücke sind so allgemein, daß man in dieselben alles hineinlegen kann. Damit ist aber der klaren Erkenntnis sehr wenig gedient. Wir brauchen ganz klare Vorstellungen. Unter den von Giddings angeführten Funktionen gibt es solche, aus denen man gar nichts machen kann (equity), während so wichtige Funktionen, wie die der Verwaltung oder der Gesetzgebung in keiner der Schablonen unterzubringen sind. Die Funktion Kultur teilt Giddings ein in Education und Diminution of fear, wobei ihm das Malheur passiert, daß er Erziehung und Unterricht zusammenwirft. Diese beiden Funktionen sind aber grundverschiedene Dinge; Erziehung hat mit Kultur gar nichts zu tun. Erziehung, d. h. Anpassung an die gesellschaftlichen Formen, findet auf jeder Kulturstufe statt.

Diese kritische Erörterung sollte nur zeigen, daß sich eine erschöpfende Liste der socialen Funktionen nicht aufstellen läßt. Hierin liegt auch ein Hauptgrund für die von mir im ersten Bande gemachte und seither vielfach angefochtene Behauptung, daß die Feststellung einer socialen Formenlehre wenigstens bei dem dermaligen Stande der Sociologie ein Ding der Unmöglichkeit sei.

In einem wichtigen Punkte gleichen sich die socialen und organischen Gebilde, darin, daß die Organe eines und desselben Einheitskörpers untereinander in einem inneren Verhältnis und Konsens stehen, sodaß Alterationen des einen Organes auch Alterationen in den andern Funktionen und Organen nach sich ziehen. Sowie Störungen der Verdauungsorgane sehr leicht Störungen der Herztätigkeit, der Nerven u. s. w. hervorrufen oder umgekehrt, eine Alteration der Nerven Störungen der Verdauung herbeiführen kann, so ruft eine Veränderung in einem socialen Organe auch Veränderungen in allen andern Funktionen und Organen hervor. Eine Änderung der Wirtschaftsordnung z. B. bedingt nicht bloß eine Änderung der unmittelbar den wirtschaftlichen Funktionen dienenden Organe, sondern hat auch eine Änderung aller andern Funktionen und Organe der Verwaltung, Gesetzgebung, Justiz, Heeresergänzung u. s. w. zur notwendigen

---

[1]) Inductive Sociology p. 235 ff.

Folge. Die gesellschaftliche Organisation ist eben genau eine so lebensvolle Einheit, wie der tierische und pflanzliche Organismus. Die gesellschaftliche Organisation ist als untrennbares Ganzes das Produkt der Anpassung des socialen Körpers an die ihn umgebenden inneren und äußeren Lebensbedingungen; an diesem Einheitskörper im einzelnen herumzuflicken und herumzupfuschen ist ohne schwere Gefahren für den Gesamtorganismus nicht möglich, wenigstens nicht, wenn es sich um wichtigere Organe oder Funktionen handelt.

4. Gesetz der zeitlichen Begrenzung. Alle Wesen unserer Erfahrung sind nicht bloß räumlich, sondern auch zeitlich begrenzt, die anorganischen nicht weniger als die organischen. Bei den physikalischen Körpern kommt allerdings die zeitliche Begrenzung weniger in Betracht, weil es die Physik mit allgemeinen körperlichen Eigenschaften und Erscheinungen zu tun hat, welche ohne Rücksicht auf die Zeit immer dieselben bleiben. Außerdem gibt es anorganische Körper, welche von so großer Dauer sind, daß sie dem gemeinen Verstande geradezu unvergänglich erscheinen z. B. die kosmischen Körper, besonders unsere Erde in ihrer heutigen Form; aber selbst ein Stein oder ein Gegenstand aus einem anderen Material (Holz, Haut, Papyrus) kann Jahrtausende überdauern. Dieses ist bei den Organismen ganz unmöglich. Die zeitlichen Grenzen, welche das organische Leben umschließen, sind sehr enge; oft sind es nur Stunden und Tage, welche ein pflanzliches oder tierisches Individuum zu leben hat, meist nur wenige Jahre, und die Fälle, in denen große Tiere und Pflanzen ein- oder zweihundert Jahre überdauern, sind verschwindend selten. Nach dieser Zeit tritt etwas ein, was die anorganische Welt nicht kennt — der Tod. Tod ist nicht bloß das Aufgeben eines Aggregates oder einer bestimmten Form, als welches sich das Ende aller physischen Körper darstellt, er ist das Ende einer empfindenden, fühlenden oder gar denkenden Existenz, er ist das Ende eines individuellen Seins. Die Organe sind nicht mehr imstande, die ihnen übertragenen Funktionen zu verrichten, der Stoffwechsel stockt, der Lebensprozeß ist abgelaufen. Der Stoff selbst bleibt, denn er ist unvergänglich, ja es kann sogar die Form erhalten bleiben, wie die von der Natur erzeugten Petrefakta oder die von Menschen angefertigten Mumien zeigen; aber das Leben ist vorbei. Deshalb spielt die zeitliche Begrenzung in der organischen Welt eine ganz andere Rolle als in der physikalischen, und deshalb gehört auch das Gesetz der zeitlichen Determination unter die biologischen, nicht unter die physikalischen Gesetze.

Was wir bezüglich der zeitlichen Begrenzung von den organischen Körpern gesagt haben, gilt auch von den socialen. Jede Gesellschaft ist zeitlich begrenzt, hat ihren Anfang und ihr Ende und zwar vollzieht sich das Ende in einer dem Tode ganz ähnlichen Weise, als der Ablauf des socialen Prozesses, als Versagen der lebenswichtigen Organe und Funktionen, als Stockung des socialen Stoffwechsels, als ein regelrechtes Sterben. Dieses Gesetz ist eine wertvolle Ergänzung des von uns früher (XVI. II. 101) begründeten Gesetzes der räumlichen Begrenzung. Sowie es in jedem Augenblick eine Vielheit nebeneinander existierender unter sich verschiedener Gesellschaften und nicht eine menschliche Einheitsgesellschaft gibt, so ist auch die historische Einheitsentwicklung der Menschheit, wie sie sich Comte dachte, eine reine Einbildung. Das eine folgt eigentlich aus dem anderen. Denn was von dem Heute gilt, gilt auch von jedem Zeitpunkte vorwärts oder rückwärts. Wohin wir blicken, sehen wir nur eine Vielheit von Gesellschaften, die sich in sehr verschiedenen Stadien der Entwicklung befinden und von denen die einen im Sterben liegen, während die anderen noch in den Kindheitsstadien sich bewegen. So war die griechische Gesellschaft am Tode, als die römische sich am Höhepunkt der Macht befand und die germanische kaum geboren war. Ebenso gibt es, während wir unter den vorgeschrittensten Verhältnissen leben, zahlreiche andere Gesellschaften auf der Erde, welche nach unseren Begriffen nicht einmal im socialen Altertum, sondern in dem prähistorischen Zustande sich befinden. Der Lebens- und Entwicklungsprozeß spielt sich freilich bei allen Gesellschaften in gleichen Grundzügen ab, die wir soeben angegeben haben, und die auch eine Gleichheit der allgemeinen Formenentwicklung zur Folge haben müssen, welche im ersten Bande geschildert wurde. Aber diese Gleichheit der Entwicklung ist keineswegs identisch mit einer Einheit der socialen Entwicklung der Menschheit.

Die Lebensdauer der Gesellschaften ist verschieden. Der alte Quételet, der die Sociologie auf statistischer Basis und besonders auf seinem vermeintlichen Gesetz der „mittleren Zahl“ aufbauen wollte, glaubte allerdings auch eine mittlere Lebensdauer der Staaten bestimmen zu können und berechnete für die fünf großen Nationen des Altertums (Babylonier, Assyrer, Ägypter, Griechen und Römer) diese mittlere Lebensdauer merkwürdigerweise genau mit 1461 Jahren.[1]) So genau rechnet freilich heutzutage die Sociologie nicht mehr; es ist auch mehr als fraglich,

[1]) Naturgeschichte der Gesellschaft. Deutsch von Karl Adler, Hamburg 1856. S. 153 ff.

ob sich überhaupt eine mittlere Lebensdauer der Gesellschaften bestimmen läßt; aber es steht fest, daß die Lebenszeit der socialen Gebilde, gemessen selbst am Maßstab der Menschheitsgeschichte, sehr kurz ist. „Als Wunderwerke grauer Vorzeit erregten die Pyramiden schon das Staunen der Alten“ sagt Gibbon, „hunderte Generationen sind seither wie die Blätter im Herbst ins Grab gesunken, die Pharaonen und Ptolemäer, die Cäsaren und Kalifen sind vergangen und dieselben Pyramiden stehen aufrecht und unerschüttert noch immer an den Fluten des Nil.“ So rasch sinken selbst die mächtigsten Reiche dahin, die jemals Menschen gegründet haben.

In letzter Linie lassen sich alle Ursachen des Sterbens der Gesellschaften auf ein Versagen der lebenswichtigen Funktionen und Organe, auf eine Stockung des socialen Stoffwechsels zurückführen. Im besonderen sind diese Ursachen in den natürlichen Voraussetzungen der betreffenden Gesellschaft selbst, in fremden Eingriffen, oder in der allgemeinen Desorganisation zu suchen. Selbstverständlich können nicht nur mehrere oder alle drei Arten von Ursachen bei dem Untergang einer Gesellschaft zusammenwirken, es ist dies sogar meistens der Fall.

Die Anpassung einer Gesellschaft an veränderte Lebensbedingungen hat ihre Grenzen und zwar aus verschiedenen Gründen.

Daß der Übergang eines Volkes aus einer Wirtschaftsform zur andern zunächst von den objektiven Verhältnissen abhängt, ist etwas Selbstverständliches; in Wäldern leben Jäger-, an den Ufern des Meeres Fischer- oder Handelsvölker, in Steppen entwickeln sich Hirtennomaden; aber damit ist, wie wir ausführlich gezeigt haben,[1]) noch lange nicht gesagt, daß jedes Volk der Anpassung an diese Verhältnisse fähig ist. Wir sehen das jeden Tag. Nicht jedes Volk besitzt die Eigenschaften, um sich aus einem Agrarvolk in ein Industrie- oder Handelsvolk umzuwandeln. Es ist z. B. sehr zu zweifeln, ob in Ungarn, wo jetzt aus allgemein politischen Gründen der Industrialismus sehr in den Vordergrund gestellt wird, die ethnischen Voraussetzungen für diese Umwandlung gegeben sind? Solche Fälle gab es zu allen Zeiten. Nicht jedes Volk besaß die Fähigkeit, sich seßhaft zu machen; die keineswegs schlecht veranlagten Indianerstämme Amerikas besaßen nicht die Fähigkeit, sich in Bauern zu verwandeln und auf ihrer Scholle dem Anprall der europäischen Invasion zu widerstehen, wie es der afrikanische Neger mit Erfolg tut. So sind eine ganze Menge von Völkern, die offenbar sehr wohl veranlagt waren,

---

[1]) I. Band, S. 150f.

zu Grunde gegangen, weil sie nicht die physiologischen und psychologischen Voraussetzungen besaßen, um sich veränderten Lebensverhältnissen anzupassen, so die vermutlich sehr hoch stehenden Kelten, oder das edelste Blut der Germanen, die Goten, die Araber in Spanien u. s. w. Man hüte sich, das in Geschichtsbüchern oft wiederkehrende Sprüchlein nachzusagen, daß das edlere Volk über das minderwertige siegen müsse. Das ist einer von den sociologischen Sätzen, die jeder Begründung entbehren. Der Sieg des einen und der Untergang des andern Volkes hat mit einer absoluten Qualifikation gar nichts zu tun. Die Überlegenheit braucht nur eine relative zu sein, indem das eine Volk die Fähigkeit hat, sich anzupassen, das andere aber nicht.

Was wir hier als Folge natürlicher ethnischer Voraussetzungen geschildert haben, kann aber auch als das Resultat einer bereits durchlaufenen socialen Entwicklung eintreten. Ein Volk kann sehr anpassungsfähig sein und sich eine ausgezeichnete gesellschaftliche Organisation schaffen. Je intensiver sich aber das Volk einem bestimmten Verhältnisse angepaßt hat, desto mehr wird sich die Organisation fixieren, desto mehr Interessen knüpfen sich an den Bestand der bestehenden Organisation, desto tiefer dringen die dieser Organisation abgerungenen praktischen und ethischen Begriffe in die Volksseele, desto fester prägt sich der Typus der Volksseele ein und desto schwieriger wird es daher werden, diese Organisation in lebendiger Entwicklungsfähigkeit zu erhalten. Die Folge ist, daß eine solche Gesellschaft sich entweder — wenn sie in Ruhe gelassen wird und ihre Existenzbedingungen findet — zum Chinesentum verhärtet, wodurch ihr Ende auf lange Zeiträume hinausgeschoben wird, oder daß, wo der Strom des Lebens mächtiger an den socialen Ufern brandet und ein beständiger Konnex mit anderen Völkern stattfindet, die alte Organisation gesprengt wird, ohne daß die anpassungsunfähiger gewordene Gesellschaft sich eine neue Organisation an Stelle der alten schaffen könnte.

Das großartigste historische Beispiel dieser Art ist der Verfall und Untergang der römischen Gesellschaft. „Das römische Gemeinwesen war angelegt als eine Stadtgemeinde, welche durch ihre freie Bürgerschaft sich selber die Herren und die Gesetze gab, welche von diesen wohlberatenen Herren innerhalb dieser gesetzlichen Schranken mit königlicher Freiheit geleitet ward, um welche teils die italische Eidgenossenschaft als ein Inbegriff freier, der römischen wesentlich gleichartiger und stammverwandter Stadtgemeinden, teils die außeritalische Bundesgenossenschaft als ein Inbegriff griechischer Freistädte und barbarischer Völker und Herrschaften, beide von der Gemeinde Rom mehr bevormundet als beherrscht, in zweifachem Kreise sich schlossen." [1]) Über diese in klassischer Reinheit ausgebildete Organisation brach nun die große wirtschaftliche Revolution herein, welche das alte italische Bauernvolk in eine kapitalistische Gesellschaft umwandelte, die alten auf ethnischer Grundlage ruhenden Klassen zersprengte und durch neue auf dem Geld- und Sklavenbesitz begründete Stände ersetzte, eine Klasse von Millionären und eine Klasse Depossedierter, Enterbter, Geknechteter schuf, die alte Agrarverfassung vernichtete, den Mittelstand zermürbte und jenes wahnsinnige Expansionsbedürfnis nach außen schuf, das Rom zwar zum Ruhm der Welteroberin, aber auch zum Untergange trieb. Die unmittelbare Folge dieser vollkommenen Verschiebung der allerwichtigsten Lebensfunktionen war die, daß die alte Organisation für die neuen Aufgaben nicht mehr paßte. Die Gesellschaft suchte sich neue Organe zu schaffen, die den geänderten Lebensbedingungen entsprachen. Dem stand aber das Interesse der an der alten Organisation beteiligten socialen Gruppen gegenüber, die depossediert, ihrer Macht beraubt werden sollte. Es kam also zu einem Ringen der Gesellschaft um eine neue Organisation, zu den Bürgerkriegen; der wirtschaftlichen Revolution folgte die politische. Das Ende dieser Revolution war die vollständige Zerbröckelung der alten wohl angepaßten Verfassung, ohne daß eine neue Organisation an Stelle der alten getreten war, die vollständige Desorganisation. „Der souveräne Machthaber war jetzt entweder ein einzelner Mann oder die geschlossene Oligarchie bald der Vornehmen, bald der Reichen. Die Bürgerschaft hatte jeden rechtlichen Anspruch am Regiment verloren. Die Beamten waren unselbständige Werkzeuge in der Hand des jedesmaligen Machthabers. Die Stadtgemeinde Rom hatte durch ihre widernatürliche Erweiterung sich selber zersprengt. Die italische Eidgenossenschaft war aufgegangen in die Stadtgemeinde. Die außeritalische Bundesgenossenschaft war im vollen Zuge, sich in eine Untertanenschaft zu verwandeln. Die gesamte organische Gliederung des römischen Gemeinwesens war zugrunde gegangen und nichts übrig geblieben als eine rohe Masse mehr oder minder disparater Elemente." [2])

Die Folge dieser Desorganisation, die zu immer neuen inneren Wirren führte, waren sociale Stoffwechselstörungen der schwersten Art. „Infolge dieser socialen Zustände", sagt der größte Kenner der römischen Geschichte, [3])

---

[1]) Mommsen, Römische Geschichte, II. Band. S. 379.

[2]) Mommsen, a. a. O. S. 379.

[3]) Ebendaselbst Band III. S. 530.

schwand der latinische Stamm in Italien in erschreckender Weise zusammen und legte sich über die schönen Landschaften teils die parasitische Einwanderung, teils die reine Öde. Ein ansehnlicher Teil der Bevölkerung Italiens strömte in das Ausland. Schon die Summe von Kapazitäten und Arbeitskräften, welche die Lieferung von italischen Beamten und italischen Besatzungen für das gesamte Mittelmeergebiet in Anspruch nahm, überstieg die Kräfte der Halbinsel, zumal da die also in die Fremde gesandten Elemente zum großen Teil der Nation für immer verloren gingen. Denn je mehr die römische Gemeinde zu einem viele Nationen umfassenden Reiche erwuchs, desto mehr entwöhnte sich die regierende Aristokratie, Italien als ihre ausschließliche Heimat zu betrachten; von der zum Dienst ausgehobenen oder angeworbenen Mannschaft aber ging ein ansehnlicher Teil in den vielen Kriegen, namentlich in dem blutigen Bürgerkriege zugrunde und ein anderer ward durch die lange, zuweilen auf ein Menschenalter sich erstreckende Dienstzeit der Heimat völlig entfremdet. In gleicher Weise wie der öffentliche Dienst hielt die Spekulation einen Teil der Grundbesitzer- und fast die ganze Kaufmannschaft, wenn nicht auf zeitlebens, doch auf lange Zeit außer Landes fest und entwöhnte namentlich die letztere in dem demoralisierenden Handelsreiseleben überhaupt der bürgerlichen Existenz im Mutterlande und der vielfach bedingten innerhalb der Familie. Als Ersatz dafür erhielt Italien teils das Sklaven- und Freigelassenenproletariat, teils die aus Kleinasien, Syrien und Ägypten einströmenden Handwerker und Händler, die vornehmlich in der Hauptstadt und mehr noch in den Hafenstädten Ostia, Puteoli, Brundisium wucherten. Aber in dem größten und wichtigsten Teil Italiens trat nicht einmal ein solcher Ersatz der reinen Elemente durch unreine ein, sondern schwand die Bevölkerung sichtlich hin. Vor allem galt dies von den Weidelandschaften, wie denn das gelobte Land der Viehzucht, Apulien, von Gleichzeitigen der menschenleerste Teil Italiens genannt wird, und von der Umgegend Roms, wo die Campagna unter der steten Wechselwirkung des zurückgehenden Ackerbaues und der zunehmenden bösen Luft jährlich mehr verödete. Labici, Gabii, Bovillae, einst freundliche Landstädtchen, waren so verfallen, daß es schwer hielt, Vertreter derselben für die Ceremonien des Latinerfestes aufzutreiben. Tusculum, obwohl immer noch eine der angesehensten Gemeinden Latiums, bestand fast nur noch aus einigen vornehmen Familien, die in der Hauptstadt lebten, aber ihr tusculanisches Heimatrecht festhielten, und stand an Zahl der stimmfähigen Bürger weit zurück selbst hinter kleinen Gemeinden des inneren

Italiens. Der Stamm der waffenfähigen Mannschaft war in diesem Landstrich, auf dem einst Roms Wehrhaftigkeit wesentlich beruht hatte, so vollständig ausgegangen, daß man die im Vergleich mit den gegenwärtigen Verhältnissen fabelhaft klingenden Berichte der Chronik von den Aequer- und Volskerkriegen mit Staunen und vielleicht mit Grauen las. Nicht überall war es so arg, namentlich nicht in den übrigen Teilen Mittelitaliens und in Campanien: aber dennoch ‚standen', wie Varro klagt, durchgängig ‚Italiens einst menschenreiche Städte verödet'."

Bei solchen Störungen des Stoffwechsels sich noch einmal zu einem Gleichenkreise durchzuarbeiten und zu einer neuen, den veränderten Lebensverhältnissen angepaßten Organisation durchzuringen, gelang der römischen Gesellschaft nicht mehr. Der Caesarismus war ein letzter Versuch in dieser Richtung. Er mißlang; zwar hielt er den römischen Staat noch eine geraume Spanne Zeit äußerlich zusammen, aber er konnte nicht verhindern, daß dieser nie zur vollen Integration gelangte Riesenkörper endlich doch zusammenbrach und in seinem Sturz die innerlich längst abgestorbene römische Gesellschaft mitriß.

In dieser Weise vollzieht sich das Ende aller Gesellschaften. Sie altern und siechen noch eine Zeitlang dahin, bis sie dem Anprall eines naturfrischen, anpassungsfähigeren Barbaren erliegen. Der Krieg bildet den natürlichen Abschluß der einen und den Anfang einer neuen socialen Entwicklung.

Siebenzehntes Kapitel.

Die socialen Gesetze im engeren Sinne.

I.

Sociale Gesetze im engeren Sinne werden nur jene allgemeinen Sätze genannt werden können, welche die kausale Verkettung der socialen Erscheinungen auf eine gemeinsame Ursache zurückführen, die nur in den gesellschaftlichen Gebilden wirksam erscheint.

Wenn ein Mensch von einer Bergwand stürzt, weil seine Schwerlinie außerhalb der Unterstützungsfläche fällt, so folgt er den physikalischen Gesetzen; wenn er herabstürzt, weil ihn die Muskelkraft verläßt, so ist dies zunächst nach den organischen Gesetzen zu erklären, und wenn er sich in selbstmörderischer Absicht herabstürzt, so folgt er in erster Linie den Gesetzen der menschlichen Natur, d. h. psychologischen Gesetzen. Ebenso ist es mit Gesellschaften. Wenn ein Volk unverändert in seiner socialen Ruhelage verharrt, weil kein Anlaß (Veränderung der Produktivkräfte, Verschiebung der Verhältnisses zwischen Population und Produktivkräften, Krieg u. s. w.) es zu einer Veränderung der socialen Form bewegt, so folgt dieses Volk einem allgemeinen Naturgesetz, dem der Trägheit, das ebensogut in einem Steine wie in einem socialen Körper wirksam ist. Wenn sich nun die Bevölkerung vermehrt und infolge der komplizierteren Lebensverhältnisse eine Teilung der Arbeit eintritt, folgt der gesellschaftliche Körper wieder keinem spezifisch socialen, sondern einem biologischen Gesetze, das auch in allen anderen Kategorien von Lebewesen in gleichem Maße wirksam ist. Wenn jedoch ein Volk eine Veränderung seiner socialen Formen vornimmt im Namen der Freiheit oder Gleichheit, so folgt es nicht einem physikalischen oder organischen Gesetze, sondern einem Gesetze des socialen Lebens, dessen Wirken in der übrigen Welt nicht zu beobachten ist.

Das Bevölkerungsgesetz, welches Malthus entdeckt hat, ist — abgesehen von seiner Richtigkeit oder Unrichtigkeit — kein sociales Gesetz, obwohl es vielfach als solches betrachtet wird, da es gewisse sociale Erscheinungen durch allgemeine Naturkräfte erklärt. Das Malthussche Gesetz läßt sich zunächst von dem allgemeinen Satz ableiten, daß die in einem bestimmten Stück Erde aufgestapelten Kräfte nur für die Erhaltung einer bestimmten Anzahl von Lebewesen hinreichen. Dieser Satz aber ist — nochmals: abgesehen von seiner Richtigkeit oder Unrichtigkeit — nur eine Anwendung des Gesetzes von der Erhaltung der Kraft, also eines allgemeinen Naturgesetzes. Allerdings ist die Ableitung falsch und zwar deshalb falsch, weil Malthus keine Ahnung von dem spezifischen Wesen der socialen Energie hatte; doch dies gehört nicht hierher. Nehmen wir dagegen ein anderes Gesetz, das sogenannte eherne Lohngesetz von Lassalle, welches besagt, „daß der durchschnittliche Arbeitslohn immer auf den notwendigen Lebensunterhalt reduziert bleibt, der in einem Volke gewohnheitsmäßig zur Fristung der Existenz und zur Fortpflanzung erforderlich ist". Dieses Gesetz — über dessen Richtigkeit oder Unrichtigkeit wir wenigstens vorderhand wieder nichts ausmachen wollen — ist eine Ableitung des allgemeineren Gesetzes von Angebot und Nachfrage, das wieder auf den socialpsychologischen Faktor der Wertung zurückgeht, also auf einen Ausfluß der socialen Energie. Wir haben es hier also mit einem socialen Gesetz im engeren Sinn zu tun, falls dasselbe nur an und für sich richtig ist.

Das eherne Lohngesetz wäre aber, seine Richtigkeit vorausgesetzt, noch lange nicht das sociale Gesetz. Es ist nur ein abgeleitetes Gesetz, welches seine Begründung wieder in allgemeineren Sätzen findet und nur für bestimmte Verhältnisse des socialen Lebens gilt. Das sociale Gesetz muß aber das allgemeinste Urteil über die Wirksamkeit der socialen Kraft sein, welches einer weiteren Ableitung von noch anderen Gesetzen nicht mehr fähig ist, und durch welches alle Erscheinungen des socialen Lebens (insofern sie nicht einfach physikalisch, organisch oder psychologisch zu erklären sind) erklärt werden können. Es kann daher nur ein einziges solches Gesetz geben, und dieses muß sich aufs engste an die Wirksamkeit der socialen Kraft anlehnen. Es muß die bündige Antwort auf die Frage sein: wie wirkt die sociale Kraft?

II.

Diese Antwort lautet einfach: ausgleichend!

Die socialen Instinkte verlangen die Gleichheit der Genossen, sie verweisen Gleiches an Gleiches und leiten den Menschen an, dort, wo die Gleichheit nicht vollständig ist, sie zu suchen. Die Urgesellschaft (Horde) beruht auf der vollständigen Gleichheit aller Gesellen, Gleichheit der Abstammung, Gleichheit der physiologischen Voraussetzungen, die bis zur frappierendsten Ähnlichkeit geht, Gleichheit der Ernährung, Gleichheit der Funktionen, des Besitzes, der Rechte u. s. w. Der politische Prozeß, der aus dem Zusammentreffen Ungleicher entspringt und mit dem Kampfe der Ungleichen beginnt, strebt den Ausgleich an, die Assimilation in sprachlicher, religiöser, physiologischer, wirtschaftlicher und rechtlicher Hinsicht. Nicht immer, ja nur höchst selten ist die faktische Assimilation und auch da nur auf einzelnen Gebieten das Resultat des socialen Prozesses, aber das instinktiv angestrebte oder bewußt gewollte Ziel ist immer diese Assimilation. Bis in die kleinsten socialen Kreise und ins Familienleben, ja bis in den freundschaftlichen Verkehr hinein reicht die Allgewalt dieses Gesetzes, und andrerseits wirkt es als letzte Triebfeder in dem welterschütternden Kampf der Religionen, Völker und Klassen. „Gleichheit der Rechte“ schrie die römische Plebs, „Gleichheit aller Menschen vor Gott“ predigte das Christentum, „Gleichheit der Meinungen“ war der Kampfruf der geistigen Revolution, welche die Umgestaltung Europas vorbereitete, „Gleichberechtigung aller Bürger“ gilt als die Grundlage des modernen Staates und die „Gleichheit der Existenzbedingungen“ ist das Schiboleth der socialen Umwälzungen, die sich vorbereiten. Es hieße von uns verlangen, daß wir alles bisher im ersten und zweiten Band Gesagte wiederholen sollten, wenn man uns zumutete, einen geschlossenen empirischen Beweis für die unbedingte Giltigkeit des Satzes zu liefern: daß das sociale Leben seinem innersten Wesen nach zur Gleichheit strebe.

Das heißt keineswegs, daß die sociale Kultur in der vollständigen Nivellierung, in der Gleichmacherei nach dem Wunsche gewisser Doktrinäre zu suchen sei. Das Assimilationsstreben schließt weder die individuelle Verschiedenheit der Anlagen, noch die Differenzierung der Funktionen aus. Allerdings gibt es individuelle Verschiedenheiten, welche über das erträgliche Maß hinauszugehen scheinen und daher von der übrigen Gesellschaft als unerträglich und unleidlich betrachtet werden: körperliche Verunstaltung, geistige Extravaganzen. Die Gesellschaft liebt dergleichen nicht, sie sucht alles auf ihr Niveau zu bringen, und wenn dies nicht möglich ist, stellt sie sich dem Ungleichen feindlich entgegen. Daher die gesellschaftliche Ausschließung der Krüppel auf tieferen Kulturstufen. Das Genie wirkt immer befremdend auf seine Gesellschaft und wird von seiner Zeit immer im besten Falle als fremd behandelt. Wer nicht bloß Sitte und Brauch einer Gesellschaft, sondern auch ihrer gesetzten Ordnung fremd bleibt, sich ihr nicht anpaßt, wird Verbrecher genannt und ausgestoßen. Oft, nur zu oft wurden die Genies für Verbrecher erklärt und verbrannt oder gekreuzigt nach demselben socialen Gesetz, weil sie sich nicht dem Gleichenkreise anpaßten. Man sieht, das Assimilationsgesetz muß nicht gerade kulturell segensreich wirken: es kann nicht nur, es muß die großen Individualitäten auf ein mittleres Niveau herabdrücken. Aber der sociale Fortschritt fällt auch, wie wir bereits im ersten Band erwähnt haben, keineswegs mit der geistigen Kultur zusammen. Coste [1]) hat in der schlagendsten Weise nachgewiesen, daß dies nicht der Fall ist. Wir geben aber noch mehr zu: dieses Assimilationsstreben ist in letzter Linie an dem innersten Verfall der Gesellschaften selbst schuld, indem es unzweifelhaft der Auslese der Besten hinderlich ist und die Rasse in verhältnismäßig kurzer Zeit verschlechtert. [2]) Aber ein Naturgesetz kann in seiner Giltigkeit eben nicht darnach beurteilt werden, ob es in einem Sinne wirkt, den wir „gut“ oder „schlecht“ zu nennen belieben.

Auch ist die Giltigkeit dieses Gesetzes nicht nach dem reinen Effekt zu beurteilen. Wie keine Kraft, auch die Gravitation nicht, rein zur Geltung kommt, so auch diese nicht. Das Allgemeingiltige des Satzes liegt nur darin, daß sich keine Gesellschaft diesem Streben entziehen kann. Jeder Gleichenkreis ist im Anfang sehr klein. Er hat aber das Bestreben, sich immer mehr zu erweitern zu Staaten und Staatenbünden, zu Nationen und Völkerfamilien, zu internationalen Verbänden, bis das sociale Assimilationsbedürfnis nur noch die Gleichheit und Brüderlichkeit aller Völker und Menschen als ideales Ziel vor Augen hat. Zu einer Erfüllung dieses idealen Zieles wird es freilich nie kommen, da die Assimilationsfähigkeit natürliche Grenzen und zwar sehr enge gezogene Grenzen hat. Schon die verschiedenen Differenzen im engeren Raume werden verschieden stark empfunden und sind verschieden schwer aus-

---

[1]) A. Coste, Sociologie objective. Pàris 1899. p. 13 ff.

[2]) O. Ammon, Die Gesellschaftsordnung und ihre natürlichen Grundlagen. Jena 1896. S. 108 ff.

zugleichen. Anthropologische Verschiedenheiten werden im allgemeinen am heftigsten empfunden und bilden zumeist, wenn sie zu weit gehen, ein unübersteigliches Hindernis der Assimilation. Verschiedenheiten der Güterverteilung werden meist viel schwächer empfunden, als man vielleicht heutzutage glauben will und treten ins sociale Bewußtsein meist erst, wenn sie so ungeheuerlich geworden sind, daß sie zur Proletarisierung ganzer Gruppen führen. Religiöse und Meinungsverschiedenheiten gelten heute in fortgeschrittenen Gesellschaften überhaupt nicht mehr als Associationshindernis; zuzeiten war jedoch die religiöse Ungleichheit gleichbedeutend mit der Ausschließung aus der Gesellschaft. Indes gibt es auf jedem dieser Gebiete Grenzen der Assimilationsfähigkeit, und wenn sich auch eine Gesellschaft über irgend eine unversöhnliche Differenz hinweggesetzt zu haben scheint durch Toleranz oder Nötigung, so ist es doch nie ausgeschlossen, daß an der Stätte der Ungleichheit eines schönen Tages der sociale Kampf wieder in hellen Flammen emporlodert. Die Gesellschaft kann eben für die Dauer bei einer Ungleichheit nicht stehen bleiben. Sie kann durch irgend ein anderes Interesse für Zeiten von irgend einer Ungleichheit abgelenkt werden, aber sie wird auf dieselbe jederzeit wieder zurückkommen und endlich wird sie, falls sie in ihrer ausgleichenden Tendenz auf unübersteigliche Hindernisse stößt, zerbrechen und zerschellen.

Ist die Erreichung allseitiger Gleichheit schon im kleinen Kreise nicht möglich, so ist noch weniger eine vollständige Assimilation der Menschheit oder auch nur Europas bei der großen Verschiedenheit der physiologischen, sittlichen und intellektuellen Voraussetzungen, des historischen Entwicklungsganges, der socialen Anlagen u. s. w. möglich. Das ist aber auch garnicht nötig, daß es gleichwohl zu einer weiteren Socialisierung Europas, zu den von so vielen begehrten „Vereinigten Staaten von Europa“ kommen könnte. Die faktische Assimilation braucht eben, wie gesagt, keine allseitige zu sein; ja ein momentan stark genug auftretendes Interesse ist imstande, für eine bestimmte Dauer über eine ganze Reihe von schwerwiegenden Verschiedenheiten (nationaler, konfessioneller Natur) hinwegsehen zu lassen. Also könnte auch noch eine — wenn auch beschränkte — Socialisation der europäischen Nationen, etwa im Sinne Novicows[1]) immerhin möglich sein. An eine vollständige Assimilation so heterogener Elemente ist natürlich nicht zu denken. Das

---

[1]) J. Novicow, Die Föderation Europas. Berlin, Bern 1901.

hat der kurze Bestand aller Weltreiche bewiesen. Die Assimilationsfähigkeit hat eben ihre natürlichen Grenzen, und dort wo die Assimilationsmöglichkeit endet, hört auch die Socialisation auf. Das gesellschaftliche Leben trägt überall die Spuren der Ungleichheit, aber es ringt immer nach Gleichheit, als dem höchsten Ziel seiner Vollendung.

Daß wir damit das allgemeinste Gesetz des socialen Lebens ausgesprochen haben, oder doch wenigstens das allgemeinste, das wir heute zu erkennen in der Lage sind, beweist der Umstand, daß man keinen Satz von allgemeinerer Giltigkeit finden kann, der den socialen Erscheinungen zu Grunde gelegt werden könnte. So ist z. B. der Satz, daß die sociale Entwicklung von der Unfreiheit zur Freiheit strebe, gewiß auch ein allgemeines Gesetz. Aber der Satz ist keineswegs von jener alles umfassenden Allgemeinheit, wie das Gesetz der socialen Asssimilation. Die natürlichen Gesellschaften kennen den Begriff der Freiheit gar nicht und ebensowenig wirkt das Verlangen nach individueller Freiheit auf jenem Stadium triebmäßig. Der Spartaner hätte wohl nur ein Lächeln dafür gehabt, wenn man ihm gesagt hätte, das natürliche Ziel der gesellschaftlichen Entwicklung sei die größtmöglichste Freiheit des Individuums. Selbst ein Aristoteles konnte sich die Arbeit nur als unfrei vorstellen. Die antike Weltanschauung nahm überhaupt in Staatsfragen auf das Individuum nicht die geringste Rücksicht, und als halbwegs ernster Faktor ist die Freiheit in die Weltgeschichte nicht vor der Reformation eingetreten. Die Freiheit ist eine Kulturerrungenschaft, wie der Begriff der Schönheit, der Wahrheit, der Sittlichkeit, eine Kulturerrungenschaft, der wir uns obendrein kaum erst dem Begriffe nach genähert haben. Die politische Freiheit bildet aber vor allem keinen Gegensatz zur Gleichheit, sondern setzt diese vielmehr voraus. Politische Freiheit ist Gleichberechtigung und war nie etwas anderes. Im älteren Sprachgebrauch sind Freiheit und Recht ganz identische Begriffe (privilegium wird direkt mit „Freiheit" übersetzt). Die berechtigten Klassen waren die Freien, die unberechtigten, rechtlosen, die Unfreien. Der Ruf nach Freiheit bedeutete zu allen Zeiten den Ruf nach Gleichberechtigung, nach Gleichheit der Rechte mit den herrschenden Klassen. Das Gesetz von dem Fortschritt der Gesellschaft von der Unfreiheit zur Freiheit läßt sich also von dem Gesetz der Assimilation ableiten.

Dagegen läßt sich das Assimilationsgesetz auf kein anderes Gesetz, weder auf ein anderes sociales noch auf ein anderes allgemeines Naturgesetz zurückführen. Es ist eine Wahrheit für sich wie das Gesetz von der Erhaltung der Kraft und das Stoffwechselgesetz. Allerdings wird man bei näherem Zusehen einerseits eine gewisse innere Verwandtschaft zwischen dem Inhalte des Krafterhaltungs-, des Stoffwechsel- und des Assimilationsgesetzes nicht verkennen, andererseits auch einen aufsteigenden Rhythmus konstatieren können, der dem Rhythmus der Reihe: Anorganisch—Organisch—Social entspricht. Aber deswegen ist doch das sociale Assimilationsgesetz ebensowenig von dem Stoffwechselgesetz, als dieses von dem allgemeinen Kraftgesetz abgeleitet.

Comte hat die socialen Gesetze die Gesetze des socialen Fortschritts genannt, und diese Auffassung ist seither von den meisten Sociologen stillschweigend angenommen worden, wie so Vieles, was man für selbstverständlich hält, weil es niemand versteht. In Wirklichkeit ist das Wort „Fortschritt“ eines jener Worte, dem eine wissenschaftliche Verwendung nicht leicht zu geben ist. Ein jeder hat das Wort sehr rasch im Munde und beweist damit alles, was man von ihm verlangt; aber fragt man: was ist Fortschritt? so machen es alle wie Pontius Pilatus auf Christi Frage: was ist Wahrheit? Bekanntlich sieht einer etwas für Fortschritt an, was der andere für den entschiedensten Rückschritt hält. Und erst die Gelehrten, die Historiker, Kulturhistoriker u. s. w. sind recht in Verlegenheit, wenn man zu wissen verlangt, ob die Geschichte der menschlichen Kultur einen Fortschritt bedeute. Wir wollen hier diese große Frage nicht aufrollen, möchten aber doch die eine Tatsache zur Erwägung stellen, daß ja von einer Einheitsentwicklung des Menschengeschlechtes überhaupt nicht die Rede ist und sonach auch von einem absoluten Fortschritt nicht die Rede sein könne. Nach dem Sturz der antiken Kultur war eine Reihe der Entwicklung entschieden abgeschlossen, und was nun folgte, mit der Neubesiedelung Europas durch die germanischen Stämme anhebend, war der Beginn einer neuen Entwicklungsreihe, die größtenteils auf ganz anderen Elementen beruhte; die meisten Errungenschaften der alten, sehr hohen Kultur sanken dahin, wurden vergessen und mußten nach ein- und zweitausend Jahren erst wieder entdeckt werden. Die mittelalterlich europäische Kultur mußte von der Pike auf dienen und konnte sich erst sehr spät die Errungenschaften der antiken Kultur wieder zu nutze machen. Die Menschen des fünften und sechsten Jahrhunderts standen wieder dort, wo die Homerschen Griechen und die Bewohner des königlichen Rom gestanden. Wie kann man da von einem Fortschritte sprechen?

Wenn man schon an dem vielen so teuer gewordenen Worte festhalten will, so kann es doch nur mit der Einschränkung geschehen, daß der Fortschritt immer nur in einem räumlich und zeitlich begrenzten Kreise möglich sei. Eine bestimmte Gesellschaft kann fortschreiten, d. h. der Kreis der Gleichen kann sich vermehren und die Gleichheit selbst intensiver, vielseitiger werden. In dieser Auffassung des Fortschrittes bedeutet also unser Gesetz der socialen Assimilation auch zugleich das oberste Gesetz des socialen Fortschrittes. Man wird zugeben, daß eine Gesellschaft desto größere Vorteile für ihre Mitglieder hat, je weiter der sociale Ausgleich gediehen ist, je geringer die Ungleichheit der Güterverteilung ist, je weniger Reste von Rechtsungleichheit noch bestehen. Allerdings hat dieser wirkliche sociale Fortschritt seine natürlichen Grenzen. Aber insofern die Gleichheit aller Menschen, der Ausgleich aller gesellschaftlichen Unterschiede, das Fallen aller Schranken wenigstens ein sittliches Ideal ist, das der Entwicklung der Gesellschaften voranleuchten soll, ist unser Gesetz zugleich die allgemeinste Grundlage der socialen Moral.

Autoritäten, vielleicht gar alte Griechen, weiß ich für meinen Satz freilich keine anzuführen. Vielleicht wird sich ein anderer einmal bemühen, nachzuweisen, daß das Assimilationsgesetz schon beim Aristoteles steht. Von den neueren Sociologen hat besonders Giddings die Fundamental-Bedeutung der Assimilation für den socialen Proceß erkannt, wenn er gleich das Gesetz selbst nicht formuliert hat. Die Gesetze dagegen, die er provisorisch formuliert hat, sind ganz besondere Sätze, ähnlich wie die von Tarde aufgestellten „Gesetze der Nachahmung". In einem gewissen Sinne ist auch der Franzose Adolphe Coste[1]) als ein Vertreter der Ansicht zu betrachten, daß die primäre sociale Tatsache das Anwachsen der Gleichenkreise (l'accroissement numérique de la population unifiée) sei, aus der erst alle andern politischen und wirtschaftlichen Fortschritte abzuleiten sind. Coste hat sogar eine exakte Methode der „Sociometrie" vorgeschlagen, um das Fortschreiten des Socialisierungsprozesses und daran die sociale Kraft der verschiedenen Gesellschaften zu messen. Diese Methode stützt sich jedoch auf die Annahme, daß die Socialisierung vorwiegend in der städtischen Konzentration zum Ausdruck komme. Das ist nun aber eine sehr einseitige Auffassung. Denn wenn auch die örtliche Vereinigung die unerläßliche Voraussetzung für jeden Ausgleich ist, so ist sie doch noch lange kein adäquater Ausdruck für den faktischen Forschritt des Ausgleichsprozesses, der ja obendrein ein sehr vielgestaltiger ist und an einer

---

[1]) Les principes d'une Sociologie objective. Paris 1899.

Stelle sehr weit gediehen, an der anderen aber noch sehr rückständig sein kann.

III.

Wir haben nun noch auf eines hinzuweisen, auf die empirischen Gesetze der Sociologie, d. h. mit Mill zu sprechen, auf jene Gleichförmigkeiten, deren Existenz die Beobachtung nachgewiesen hat, auf welche aber in Fällen, die von den beobachteten stark abweichen, die Forscher Anstand nehmen sich zu verlassen, weil sie keinen Grund einsehen können, warum ein solches Gesetz existieren sollte. „Der Begriff eines empirischen Gesetzes schließt daher ein, daß es kein letztes Gesetz ist, daß wenn es überhaupt wahr ist, seine Wahrheit fähig ist erklärt zu werden und erklärt werden muß. Es ist ein abgeleitetes Gesetz, dessen Ableitung noch unbekannt ist“.[1])

Solche Gesetze hat jede Wissenschaft, und ihre endgültige Ableitung und systematische Verkettung bildet den inneren Ausbau der betreffenden Wissenschaft. Das Vorhandensein so ungelöster Probleme, wie es etwa das Gesetz der Katalyse in der Chemie ist, bildet keineswegs ein Hindernis für die Exaktheit der sonstigen Erkenntnisse.

Auch die Sociologie hat solche empirische Gesetze, deren Ableitung nicht bekannt ist; die Gültigkeit dieser Gesetze wird aber vielfach deshalb angefochten, weil sie nicht unter allen Umständen rein zur Geltung kommen, und ein Gesetz, das nicht immer gilt, kein Gesetz sei. Dieser Einwurf ist nichts weniger als schlagkräftig, ja er verrät eine große logische Oberflächlichkeit. Ein Gesetz ist ein allgemeiner Satz über eine einer ganzen Kategorie von Wirkungen gemeinsame Ursache. Allgemein und notwendig ist nur die Verbindung zwischen Wirkung und Ursache, so zwar, daß, wenn die Ursache gesetzt ist, auch immer die Wirkung eintreten muß. Daß aber die Wirkung auch immer zur Erscheinung kommen muß, ist mit nichten gesagt. Ziehen wir hier wieder die physikalischen Gesetze zum Vergleiche heran. Das Gesetz des Stoßes sagt, daß der Körper sich in der Richtung der stoßenden Kraft weiterbewege. Nichtsdestoweniger weiß jedermann, der einmal Billard gespielt hat, daß obwohl der stoßende Stab sich fast immer in derselben Richtung (vom menschlichen Auge aus gesprochen) bewegt, die Kugeln alle erdenklichen Richtungen nehmen, im Bogen, im Winkel gehen, ja sogar, nach dem Stoße zurück-

[1]) John Stuart Mill, System der deduktiven und induktiven Logik. Braunschweig 1877. II. Bd., S. 3.

laufen können. Es wird deshalb keinem Physiker und nicht einmal einem Billardspieler einfallen, zu sagen, die Gesetze des Stoßes kämen hier nicht zur Geltung und müßten daher falsch sein. Im Gegenteil die Physik sieht sogar die Gegenwirkung anderer Kräfte und die dadurch bedingte Veränderung der reinen Kraftwirkung voraus. Ja sie weiß, daß, wenn selbst eine Kraft vollständig aufgehoben — scheint (wie z. B. die Wirkung der Schwerkraft durch eine Unterstützung) dadurch die physikalischen Gesetze keineswegs außer Gültigkeit gesetzt sind.

Das ist so selbstverständlich, daß man sich fast schämen muß es zu wiederholen. Und doch steht alle Welt den socialen Gesetzen gegenüber auf dem entgegengesetzten Standpunkt. Von den socialen Gesetzen verlangt man, daß sie immer rein zur Geltung kommen, widrigenfalls die Gesetze für falsch erklärt werden. Da gibt es vermutlich keine entgegenwirkenden Ursachen, welche die Wirkung der Hauptursache teilweise oder ganz aufzuheben vermögen! Und die Ableitung der socialen Gesetze ist uns wahrscheinlich so bekannt, daß wir in jedem Falle genau die Komponenten irgend einer socialen Wirkung angeben können. Wenn also hier eine Kraft teilweise oder ganz aufgehoben erscheint, sagen wir einfach, das betreffende Gesetz ist falsch. Das Lassallesche Lohngesetz besagt z. B. nur, daß der Lohn — wo er nur durch Angebot und Nachfrage geregelt wird — immer auf das den Umständen entsprechende Existenzminimum reduziert bleibt. Es ist klar, daß wenn auch andere Faktoren auf den Lohn mitbestimmend einwirken, wenn z. B. die Arbeiter durch einen Gewerkverein die Erhaltung eines gewissen Minimallohnes erzwingen, der Lohn jenes Streben auf das Existenzminimum zu sinken immer noch hat, daß dieses Bestreben aber durch andere Ursachen vermindert und aufgehoben wird. Das Lohngesetz selbst scheint uns dadurch nicht im geringsten widerlegt.

Freilich folgt aus diesen Betrachtungen, daß es sehr schwer ist, die empirischen Gesetze des socialen Lebens zu finden und noch schwieriger, ihre Gültigkeit zu erweisen, da die Zahl der bei einer socialen Wirkung konkurrierenden Ursachen sehr groß, und ihre Stärke nicht meßbar ist. Gumplowicz hat ein empirisches Gesetz der Herrschaft aufgestellt, welches besagt, daß die Herrschaft immer von einer Minorität über eine Majorität ausgeübt wird. Der Satz entspricht der allgemeinen Beobachtung, seine Ableitung ist aber heute vollkommen unmöglich.

Endlich müssen wir noch jener socialen Gesetze denken, welche allgemeine Wahrheiten über besondere Fälle des gesellschaftlichen Lebens enthalten, z. B. über das Verhalten einer Gesellschaft in ihren wirtschaftlichen, psychologischen oder sonstigen Lebensäußerungen. Auch diese Gesetze sind empirische Gesetze im eben angedeuteten Sinne, aber sie sind für die sociologische Erkenntnis nicht minder wichtig als das Grundgesetz von der Assimilation. Hierher gehören die meisten nationalökonomischen und demographischen Sätze, ferner die Gesetze der Nachahmung, die Tarde formuliert hat, sowie die psychologischen Gesetze des Socialisierungsprozesses, die Giddings jüngst in seiner mehrfach citierten „Induktiven Sociologie“ aufgestellt hat.

Alle diese Gesetze auf ihre Richtigkeit zu prüfen, abzuleiten und sie in ein System einzuordnen, ist eine Hauptaufgabe der Sociologie. Erst wenn dieses gelungen sein wird, wird von einer wirklichen Gesellschaftswissenschaft die Rede sein können. Heute sind wir davon noch sehr weit entfernt. Ein jeder, der ein richtiges oder falsches Gesetz entdeckt hat, will dieses allein gelten lassen und möchte alle anderen Gesetze sofort außer Kraft gesetzt wissen, als ob es immer nur einen allgemeinen Satz über die kausale Verkettung geben könnte. Auf diese Weise rückt die Sociologie nie vom Platze. Eine Wissenschaft muß eroberte Wahrheiten festhalten und sie nie durch neue Eroberungen verdrängen lassen. Über jemehr sociale Gesetze wir verfügen, desto leichter werden wir die Gültigkeit des einen durch die anderen feststellen, desto leichter werden wir Spreu vom Weizen sondern können und desto reicher wird unser Einblick in die Tiefen des socialen Lebens sein.

Kolibri 360 GmbH
Ferdinand-Jühlke-Straße 7
99095 Erfurt, Deutschland
produktsicherheit@kolibri360.de